オイゲン・ヘリゲル小伝

―弓道による禅の追求

池沢　幹彦

東北大学出版会

Eugen Herrigel-Zen and Kyudo: A Brief History
Mikihiko Ikezawa
Tohoku University Press, Sendai
ISBN978-4-86163-309-6

序

オイゲン・ヘリゲルが『弓と禅』を著してから既に七〇年ほど経った。この本は元のドイツ語から数カ国語に翻訳されて、今も世界中で読まれている。我が国でも既に三冊の異なる翻訳書が出版されている（巻末の参考文献1〜3）。この本の主題や内容は日本の禅に関するものであるが、外国人による日本文化論の、既に古典的となった書物の一つと言えるであろう。

『弓と禅』には、弓道の技術に関しては、わずかに呼吸法に関することが述べられているに過ぎない。しかし、この書の内容は弓道に密接に関係しているので、修業の過程や方法、あるいは修練の際に我々が使う日本語の表現法や用語などについて、ヘリゲルの感想や示唆に富んだ考察が述べられている。現代弓道の理念と方法に出発点を与えた本多利実の『弓学講義』や、弓道修業のもたらす様々な可能性を追求した阿波研造の『大射道』の文などと並んで、現代の弓道人が読むべき、古典的な教養書の一つとみなして良いであろう。

ところで、ヘリゲルの名は、『弓と禅』の著者としてのみ広く一般に知られている。思想史・哲学史の研究者ニールス・グュルベルク早稲田大学教授は、「ドイツ西南学派」のエミール・ラスクの哲学が、大正から昭和にかけて、日本の哲学界に受容されたことを研究した学者であるが、『日本に於けるオイゲン・ヘリゲルの哲学者としての業績』という論文（文献4）の序文で、次のようなことを述べている。（以下では、カギ括弧「　」内が文献からの引用文で、太い括弧【　】内の小さい活字の文は筆者の注である。）

ヘリゲルについては、「異国的で彼には神秘的と見えた文化現象に魅惑されて、丸い藁《わら》の的【巻藁《まきわら》。練習の際に矢を射込む用具】に向かって、『それ』に射させてやろうと、日がな一日、矢を射込んで過ごしていたという印象があった。それだけに、もう一人のドイツの哲学者【エミール・ラスク】の日本への受容との関連で記述されているヘリゲルの名前を見つけ出したことは、私の驚きであった。さらに詳しく調べると、その受容が、ほとんどヘリゲルの著作【ヘリゲルはラスク全集を編纂した】のみを通して行われたことが判ったのである。」

哲学史の専門研究者にとってさえも、このような状況であった。まして大方の弓道人は、ヘリゲルが在日中には、数年間、非常に熱心に弓道の修業をしたことは知っているが、大学の教師として、どのような態度で、何をしていたのかは知らないことであろう。

本書の第Ⅰ篇では、哲学教師としてのヘリゲルが、ドイツで行なったことや、来日中に日本の哲学者達と交流した様子などが述べてある。ただし、筆者は哲学については全くの門外漢であるし、また、哲学史上での学術的あるいは専門的な業績の内容については、既にグュルベルク教授の綿密な研究論文（文献4、5、6）がある。本書ではそれとはなるべく重複しないようにして、ヘリゲルの一九二〇年代の日本の哲学界との交流やハイデルベルク大学での日本人留学生との関係および禅仏教との出合いの経緯、さらに東北大学での活動や、弓の修行をした時代の弓道界の背景など、『弓と禅』の内容を理解する上で参考になるような事柄について重点を置いて述べてある。

第Ⅱ篇では、ヘリゲルの残した『弓と禅』の著書が、欧米の人々に与えた初期の影響と、それが反響して日本に帰ってきた様子を、鎌倉の円覚寺境内に建てられた「閻魔堂」の例を中心にして述べる。また、ドイツから帰還して、そこに奉納してあるヘリゲルの弓が、強弓であることの説明をする。

本書で引用する文献や情報は、当時ヘリゲルと親交のあった日本人や教えを受けた学生達の書き残した印象や回想記を主としている。

この小文が、『弓と禅』の内容とその影響について、より深い理解に少しでも役に立てば幸いである。

なお、仙台市「木曜会」の畠山桂子氏には、本書を草するきっかけとなった幾つかの文献の教示を戴き、更にその他の多くの文献の探索と収集にもご協力を戴いた。

また、放送大学の魚住孝至教授には、第Ⅰ篇について、数度に亘って草稿の詳細なご校閲を賜わり、文章の構成およびドイツの神秘思想や西南学派に関して、親切極まりないご教示を戴いた。

神奈川県弓道連盟会長の長谷川欣一範士には、第Ⅱ篇に述べてある鎌倉円覚寺に奉納されているヘリゲルの弓の強さの測定に際して、一方ならぬお世話を戴いた。

ここに記して謹んで心からの謝意を表したい。

平成三〇（二〇一八）年三月

オイゲン・ヘリゲル（1928 年頃、七ヶ浜町高山で巻藁に向かって）
（『日本の弓術』（文献 14）1941 年版より）

目次

第Ⅰ篇　ヘリゲルと日本の人々

―『弓と禅』の背景

第一章　ドイツでのヘリゲル

1．ハイデルベルク大学

ハイデルベルク大学で私講師をしていたオイゲン・ヘリゲルは、大正一三（一九二四）年六月に、仙台市の東北帝国大学に、外国人教師として招かれて来日した。この時ヘリゲルは四〇歳であった。来日中にハイデルベルク大学の助教授となり、仙台で六年間を過ごした後、昭和四（一九二九）年八月に帰国して、一二月にエアランゲン大学の教授となった。

ヘリゲルは一八八四年三月二〇日に、南ドイツのバイエルン州リヒテナウの町で、教育者でオルガン奏者でもあった父ゴットロープ・ヘリゲルの三男として生まれた。父の転勤のため、一家は程なくハイデルベルクの「哲学者の道」という、大学の街に相応しい名前の通りに面した、旧市街の見渡せる高台の家に移転した。

ヘリゲルは一九〇七年から一年間、ハイデルベルク大学で神学を学んだが、その後哲学に転向し、新カント学派中のドイツ西南学派の代表者であるヴィルヘルム・ヴィンデルバント（一八四八―一九一五）や、その後継者と目されていたエミール・ラスク（一八七五―一九一五）に学んだ。一九一三年にヴィンデルバントの指導で卒業の学位を取得したが、一年後の一九一四年に第一次世界大戦が始まると従軍し、五年間軍務に就いた。師のラスクも従軍したが、一年後に四〇歳で戦死してしまった。一九一五年にはヴィンデルバントも没し、その後任として、フライブルク大学から彼の弟子のハインリッヒ・リッケルト（一八六三―一九三六）が招かれた。

終戦後に大学に復帰したヘリゲルは、一九二三年にリッケルトの下で教授資格を取得し、私講師となった。他の日本人に先駆けて一九二一年の四月からハイデルベルク大学に留学していた北昤吉（一八八五―一九六一）は、当時のヘリゲルについて次のように述べている（「リッケルトを中心にして」文献7）。

「同君（ヘリゲル）は故ラスクの高弟で目下ラスクの遺稿を編纂し、近く全集を出さんとしてゐる。リッケルトに云はすると、彼は西南学派に最も精通したもので、今はハイデルベルヒにも教鞭を執っているが、近く出版されるべき同君の "Urstoff und Urform"【「原素材と原形式」ヘリゲルの教授資格論文】は、リッケルトに云はせれば、神秘説の批判的論證であるとのことである。」

ヘリゲルはリッケルトから「西南学派に最も精通したもの」と評価されていたのである。ヘリゲルに編纂を委ねられたラスクの論文集は、三巻の全集として一九二三年から二四年にかけて出版された。

北昤吉より二年後れて、一九二三年から二四年にかけてハイデルベルク大学に留学した学習院大学教授の天野貞祐（一八八四―一九八〇）は、当時のドイツの大学の情勢について次のように述べている。

「その（ドイツのバーデン州の）有するフライブルク、ハイデルベルクの二大学は哲学に関しては二大学をもってほとんど全ドイツ哲学を代表するに足り、その他の諸分科においても世界的学者を集めて数多いドイツ諸大学のうちに卓越せる位置を占めている。」（「ハイデルベルクの思い出」文献8）。当時、ハイデルベルクにはドイツ西南学派のリッケルトがおり、フライブルク大学には現象学のエトムント・フッサール（一八五九―一九三八）やマルティン・ハイデガー（一八八九―一九七六）がいたのである。（ただし、ハイデガーは一九二三年よりマールブルク大学の教授になった。）

このような事情から、ハイデルベルク大学とフライブルク大学には、後に我が国の哲学や思想の学界を背負うことになる多数の日本人が留学した。西田幾太郎門下の天野貞祐は、帰国後は京都大学の助教授から教授、太平洋戦争後には第一高等学校長や第三次吉田内閣の文部大臣を務め、その後さらに独協大学学長などを歴任して、研究者、教育者として活躍した。

授業

ハイデルベルク大学の授業は夏と冬の二学期制で、教授ばかりでなく講師も、講義と演習（ゼミナール）の時間を持っていた。私講師としてヘリゲルが担当した授業課目は、一九二三年の夏学期の例では、講義を二回（月、木、午後三―四時）と、演習を一回（土、午前十―十二時）であった（文献9、四五八頁）。

ハイデルベルク大学の講義について、天野貞祐は次のような印象を述べている（文献8）。

「講義振りの鮮やかさにおいては私はヘリゲル講師に最も敬服した。内容の充実と表現の洗練と相俟って聴者の心を完全に捕え、自由に操縦するという趣があった。」

その様子は、次のようなものであった。

「（一九）二三年の冬学期のことである。（ヘリゲル）氏は哲学概説において客観主義の一例としてプラトン哲学を挙げ、イデア説を講じて漸く終結に近づいたときに冬休暇が来てしまった。最後の時間に一群の学生が講師に対してなお一回の講義を所望した。大学の規定で来週からは全体休暇となり暖房が無いと講師が答えた。暖房は無くても構わぬ、イデーンレーレ【イデア論】を聞かしてほしいという。そうして全教室の男女学生は足を踏み鳴らしてこれに賛意を表した。その結果、外には経済的焦土の上を寒風吹き荒れる年の暮れに、窮乏の極減食までもしている学生達は堅皺を深く額に刻んだ顔面蒼白な講師のイデア論に陶酔して、われ人ともに感性界の繋縛《けいばく》【つなぎしばること】を忘却し去るの概《がい》【おもむき】があった。」

ヘリゲルは、当時のドイツの最高学府の優れた教師であったことが判る。

なお、天野の文中に、「経済的焦土」とか「窮乏の極減食までもしている学生達」という表現が出てくる。第一次大戦後のドイツは、過酷なヴェルサイユ条約を課せられたことから、非常なインフレに見舞われ、一般の人は極度の貧困に苦しんでいたのである。しかしそのインフレのために日本円の相対価値が上がり、日本から給費を受けていた留学生達は極めて裕福な生活を送ることができた。実際、その当時には、「大学の正教授すら日本の一留学生の月額学費の十分の一を以て一家を支えなければならなかった」というほどであった（北昤吉「ハイデルベルヒの思ひ出」文献7）。

岩波茂雄の援助で、北昤吉よりは一年後れて、（天野貞祐には一年先立って）一九二二（大正一一）年からヨーロッパに留学し、初めハイデルベルク大学で学んだ三木清（一八九七―一九四五）は、「読書遍歴」（文献10）の中で、次のように述べている。

「外国で暮らした三年間は、私のこれまでの生涯において最も多く読書した時期であった。」「幸ひなことに―この言葉はここでは少し妙な意味を持っているが―　私はまた当時思ふ存分に本を買ふことができた。ドイツに於けるあの歴史的なインフレーションのおかげで私たちは思ひ掛けなく一時千億万長者の経験をすることができたのである。」

「ハイデルベルク大学の前にワイスといふ本屋がある。講義を聴いての帰り、私はよく羽仁五郎と一緒のその本屋に寄って本を漁った。それは私ども外国人にとっては天国の時代であったが、逆にドイツ人自身にとっては地獄の時代だったのである。

その頃のドイツには日本からの留学生が非常に多くゐた。私の最も親しくなったのは羽仁であったが、私と同時に或ひは前後して、ハイデルベルクにゐて知り合った人々には、大内兵衛、北昤吉、糸井靖之、石原謙、久留間鮫造、小尾範治、鈴木宗忠、阿部次郎、成瀬無極、天野貞祐、九鬼周造、藤田敬三、黒正巖、大峡秀栄、等々、の諸氏がある。

私がハイデルベルクに行ったのは、この派の人々の書籍を比較的多く読んでゐたためであり、リッケルト教授に就いて更に勉強するためであった。リッケルト教授はハイデルベルクの哲学を代表し、その講義は嘗てヘーゲルが、クーノー・フィッシェルが、ヴィンデルバントが講義した由緒ある薄暗い教室で行はれた。」「私は教授の著書は既に全部読んでゐたので、その講義からはあまりあたらしいものは得られなかったが、この老教授の風貌に接することは哲学といふものの伝統に接することのやうに思はれて楽しかった。」

九鬼周造（一八八八―一九四一）は一九二二年一〇月から、ハイデルベルク大学の冬期の授業を受けたが、リッケルトによる「カントからニーチェへ」と云う題の講義を聴講しながら、恐らく個人教授によって、ヘリゲルから「カントの先験哲学入門」を学んだ（文献12）。

九鬼周造と天野貞祐（1923年、ジュネーブで、『九鬼周造全集』第7巻より）

個人教授

ドイツがそのような経済状態にあったので、大学の若い教員達は、喜んで留学生達の個人教授をした。ヘリゲルや講師のアウグスト・ファウストらが家庭教師として、グループやあるいは個人的な指導をしたのである。

北昤吉より半年後れて、一九二一年の春から翌二二年の秋に掛けてハイデルベルクに留学し、後に仙台でヘリゲルと深く親交を結ぶようになる石原謙（一八八二―一九七六）は、次のように書いている（文献11）。

「リッケルト教授の紹介によって知ることのできたオイゲン・ヘリゲル博士を、私より数ヶ月前にアメリカからこの町に移って来た早稲田大学出身の北昤吉氏と一緒に家庭教師に頼んで、毎週二度同氏の宿で講義をきいた。最初はゲーテの『ファウスト』全巻を読み、それから『イフィゲニエ』、次にはフィヒテその他の哲学書について語り合い、有益な教示を受けた。」

三木清の「読書遍歴」には、次のような記述がある（文献10）。

「ハイデルベルクにゐた一年あまりの間に私が最もよく勉強したのはマックス・ウェーベルとエミール・ラスクとであった。ラスクの弟子でその著作集の編纂者であり、後には日本へ来て東北大学で教鞭を取り、『日本の弓術』といふ本を土産にして今はドイツに帰ってゐるオイゲン・ヘリィゲル氏から、私はラスクの哲学を学んだ。私がハイデルベルクにゐた時、氏は初めて講師となって教壇に立ったが、前の大戦　―この戦争においてラスクは斃れたのである―　に従軍したといふ氏の顔には深い陰影があった。

私はヘリィゲル氏のゼミナールでボルツァーノについて報告した。この報告はやがて手を加へて『思想』に発表した。その時分ボルツァーノの本は絶版になってゐて手に入らなかったので、私はリッケルト教授の宅に保管されてゐたラスクの文庫からその本を借り出して勉強したことを覚えてゐる。

ヘリィゲル氏はその頃ハイデルベルクゐた哲学研究の日本人留学生の中心であった。氏を中心として大峡氏や北氏の下宿で読書会が開かれてゐたが、私もつねに出席した。

かやうにしてヘリィゲル氏に読んで貰った本の中に、ヘルデルリンの『ヒュペリオン』がある。ヘルデルリンはあの大戦後ドイツ青年達の間に非常な勢で流行してゐたのである。しかし私が当時彼等の精神的雰囲気を作ってゐたヘルデルリンを初め、ニーチェ、キェルケゴール、ドストイェフスキーなどに深い共感をもって読み耽るやうになったのは、マールブルク大学に移って、ハイデッゲル教授について学ぶやうになってからのことである。ハイデッゲルの哲学はそのやうな「戦後不安」の表現であった。」

ハイデルベルク学派の哲学を勉強するために来ていた三木は、リッケルト教授からは新たに学ぶことが少なかったようであるが、ヘリゲルからは一年間、ラスクについて充分な教えを受けたのである。

このようにしてハイデルベルク学派の学習を修了した三木は、次の段階として翌一九二三年秋からマールブルク大学に行き、ハイデガーの下で学んだ。哲学者としての三木清の思想の発展の一段階で、ヘリゲルは教師としての役割を果たした。

引用した三木の文は昭和一六（一九四一）年に書かれたものである。その中に、ヘリゲルは『日本の弓術』を土産にし今はドイツに帰っている、と書かれている。ヘリゲルは帰国後の一九三六年に、ベルリンで「武士道的な弓道」と言う題の講演を行った。それは直ちに東北大学文科会編輯の雑誌『文化』（文献13）に、「弓射に就いて」という題で翻訳・紹介されるが、後に『日本の弓術』と改題されて出版されていた（文献14）。

この後三木は、太平洋戦争の終りに近い昭和二〇（一九四五）年三月に、治安維持法違反者をかくまった容疑で検挙・投獄され、既に戦争終結後の九月になって、無念にも獄死をした。ヘリゲルの次の著書である『弓と禅』は、一九四八（昭和二三）年に出版されたので、三木の目に触れることはなかった。

話をハイデルベルクでの個人教授に戻すと、三木らのグループは、ヘリゲルを講師に頼み、カントの『プロレゴメナ』などをテキストとする演習の時間を持ったが、その折りの写真が残されている（文献9）。中央のヘリゲルを挟んで、左右に四名ずつ留学生が並び、右側には三木清、羽仁五郎らが、左側にはこの会の主催者とおぼしき大峡秀栄が座っている。演習は、大峡が下宿していた家の一室で行われ、写真もそこで撮られたものである。

1922年のハイデルベルクでの私的な演習の会（文献9）
オイゲン・ヘリゲルを中央にして右に三木清、羽仁五郎、熊代猪佐雄、小尾範治、左に大峡秀栄、花戸龍蔵、藤田敬三、後藤富夫

大峡秀栄（一八八三―一九四六）は東京帝国大学の哲学科を卒業して、鎌倉の円覚寺の釈宗活の下で修行した臨済宗の居士【出家していない信者】であった。そして偶然にも、北昤吉の二歳年上の親友であった（文献7）。

多くの場合、個人教授は若い講師達によって行われたが、経済的にゆとりのあった九鬼周造は、一九二二年の冬学期の間、リッケルト教授から私宅における個人教授を受けて、カントの「純粋理性批判」を学んだ（文献12）。

三木清は一九二三年の秋に、ハイデルベルクからマールブルク大学に移った。その翌年、親友の羽仁五郎（一九〇一―一九八三）に宛てた一九二四年一月一〇日付けの書簡で、三木は次のよう

西田幾多郎と三木清（1935年、鎌倉西田邸にて、『三木清著作集』第9巻より）

に書いている（文献15）。

「お手紙面白く読んだ。ヘリゲルからの伝言を有難う。彼が送ってくれたラスクの第二巻【ヘリゲルは全三巻のラスク全集を編纂したが、ちょうどこの時、それが出版中であった。】は確に受取ってあったが、気が向かなかったため三四日前まで返事を出さずに放ってあった。然し彼に心配させたのは悪いことだった。ヘリゲルの講義が評判が好いのはいづれにせよ私はうれしい。…」

三木や天野貞祐などの優秀な留学生が、京都帝国大学教授の西田幾多郎（一八七〇―一九四五）の門下である事をヘリゲルは知っていた。西田は、ヘリゲルが深く関心を持っていた禅を修めた臨済宗の居士（道号は「寸心」）でもあった。ラスクの全集が刊行され始めると、ヘリゲルは、次々と全三巻の自編著に献辞を付けて、マールブルクにいた三木を通して、京都の西田に贈呈した（文献16）。

墓参り

ヘリゲルは専門分野での教師として有能であったばかりでなく、人物をよく見極めて交際することにも長けていたようである。天野貞祐は、留学の期間を中に挟んだとはいえ、その前後の十数年を費やしてカントの『純粋理性批判』の翻訳を完結させた実直な学者であり、また『学生に与うる書』の名著を著して、第二次世界大戦前後の学生達に学問の大切さを説いた謹厳な教育者でもあったが、「ハイデルベルク学派の人々」と云う回想記の中に、次のような事を書いている（文献17）。「或日私はヘリゲル氏に同伴してヴィンデルバントの墓に詣でた。西洋の墓地に初めて入って日本の墓地との甚だしい相違に驚かされた。それはキリスト教と仏教との世界観的気分の相違であらうか。何よりも先ず私は墓のあまりに立派なのを異様に感じた。」「私達はこれら壮麗な墓においてしばしば高名な人の名を見出しながら目ざす墓地を尋ね廻った。然しそれは様子を知ってゐる筈のヘリゲル氏にも容易に見つからず、遂に墓地の番人に尋ねて辛うじて見出すことが出来た。見出された墓はあの大きな業績を残した哲学者の墓かと驚き怪まねばならぬほど簡素を極めてゐる。横へられた小さな墓石には何の飾もなくただ表面に

Wilhelm Windelband

1848-1915

と記せられてゐるにとどまる。周囲にも何の造作もなく背後に小さな生垣があるにすぎない。仰山な多くの墓に対して何といふ対照であらうか。私はこの墓のもつ Schlichtheit【簡素さ】の美にうたれたのである。」

2．日本の禅との出合い

戦乱やそれに続く世の乱れは、人々に精神的に平穏な生活への憧れや関心を呼び起こさせる。古

代の中国では、戦国時代の過酷な生活の現実の中から、荘子の哲学が生まれた。後にその思想は、世を捨て不老不死を求める神仙説へと結びついて行く。それほど昔に遡らなくても、太平洋戦争で敗れた我が国でも、幾人かの文化人がそれまで活動してきた社会から退き、心の平穏を求めた生活に入ったことは我々の記憶に新しい。

第一次大戦後の敗戦でヴェルサイユ条約の受け入れを余儀なくされたドイツには、経済的に悲惨な状況がもたらされた。この事は、その後のドイツの政治体制にも強い影響を及ぼすが、他方では、思想界にも変化をもたらさずにはおかなかった筈である。当時、北昤吉は「独逸は敗戦の結果としての道徳的廃頽と共に、他面、深く霊的生活に沈潜せんとする神秘的傾向が在ることは忘れてはならない」と書いている（文献7）。

ヘリゲルの教員資格審査を指導したリッケルト教授は、中世ドイツの神秘思想家マイスター・エックハルト【ヨハネス・エックハルト】（一二六〇頃―一三二八）に深い関心を持っていた。北によれば、「エックハルトに就いては教授は意外に理解と同情を表していた。特に彼の『神の国』(Gottersreich) の一文を代表的なものと称揚していた。勿論 Abgeschiedenheit【自らの内にある自我的なものからの「離脱」（文献18）の訳語。他に「離在」（文献19）、「離繫《りけ》」（文献14）、「放念」（文献20）などの訳語がある。】と題する説教を重要視することは忘れなかった」という（文献7）。

リッケルトは一九二二年の夏学期に自分の受け持っていた演習の時間を、「神秘宗教、主としてエックハルトに就いて」という題にした。北はリッケルトの演習の授業には欠席することなく参加しており、その前の冬学期の演習の時間には、ヘーゲルについての講演を行った。そして夏学期の演習の時間には、再びリッケルトの要請によって「禅」についての講演を六月に行うことになった。

北のその時の講演は、四部分から成り、臨済宗についての解説であった。この講演は、後に『弓と禅』の主題となる禅について、ヘリゲルがどのような予備知識を持って来日したかを知る上で、後述の大峡秀栄らの著作と併せて、重要な手がかりを与えるものなので、少し長くなるが、要旨を引用することにする（文献７）。但し、北の残したのは要旨だけなので、実際の講演の話し方とは異なり、省略した表現になっている箇所がある。その内容を補うために、途中に筆者の注釈を付記した。

北昤吉の講演

「講演の内容は、序説と歴史的概説と見性の方法と真理の本質とに分かったが、重心は観照的な宗教が如何にして実際的生活に意義を発揮し得るのかの問題の解決に置いた。禅から云へば、悟と行との関係、更に云へば上求菩提《じょうぐぼだい》【修行者が自分のための悟りを求めること】と下化衆生《げけしゅじょう》【他の人々を教化し救うこと】の関係、畢竟動中の工夫【動中は日常の生活活動、工夫は修行のこと】に過ぎないが、リッケルトから云へば観照と活動との、教授自身、未だ解決の付いてゐない問題である。

自分はまづ日本の神秘宗教に真言宗があるが、門外漢であるから之れには触れず、殊に臨済禅に就いて述べると前置きし、臨済禅も神秘宗教であって、自性の徹見を以て目的とするが、この観照の宗教から、詩人、画家、国民的英雄が輩出して日本をして今日あらしめた点に其の特色があり、印度の寂静主義に堕する神秘主義と其の選を異にすることを説き、禅の特徴は観照と実行とを特殊の方法にて一致せしめるにあると説いた。

併し禅の本質を明かすには、歴史的伝統を説く必要があるので、達磨の支那渡来、臨済禅の日本伝来を説いた。達磨の支那渡来の後の、梁の武帝との問答について、リッケルトも禅の超功利的な所にいたく感動したようであった。」

印度から中国に渡来したとされる達磨と梁の武帝の会談は、禅の公案集の中で最も標準的とされる『碧巌録』の冒頭に載せられた第一則の話である。僧を保護し寺院を建てて、仏教の布教に務めてきた武帝の業績について、達磨は何の功徳とも認めなかった。不審に思った武帝が、「仏教の最も重要な点は、どのようなことか？」と問うたのに対して、達磨は「廓然無聖《かくねんむしよう》」（からりと晴れていて、聖なる事など何もない）と、無心の境地を説いたのである。しかし、武帝には意味が通ぜず、達磨は梁を去り、北方の少林寺に向かって去ってしまうのである。

「私は禅が支那に於いて老荘哲学の外衣を着し、その表現がアフォリスティッシュ【警句的】になりパラドックスとなったことを説き、文字を第二義としながら、文学史に非常な意義を有することとなったのは、真に老子の「無為の為」であると説いた。」

老荘の「道」は、自然界の万物は自ずからに生成し変化して存在するという哲学に立っており、更に無為自然を宗としている。これは法身《ほっしん》の仏を原理として、更に無心を奉ずる禅仏教に近いものと言えよう。また言筌《ごんせん》（言葉）は真理を究める過程では必要であるが、真理そのものの会得は、言語を越えた体験的な直感によるとする点でも、禅の「不立文字《ふりゅうもんじ》」の方法に近い。仏教の中国での初期の受容は、老荘の思想を通しての「格義仏教」として受け入れられた歴史もある。一方、老荘思想の信奉者は、世間から離れて一人静かに隠遁の生活を送ることや、山に入って仙人となることを理想としたが、大乗仏教である禅においては、衆生に交わり安心を与えて救う事を目的としている。そのために、弟子が悟りに至る為の養成の方法に工夫を凝らした多数の公案集が書かれたり、悟りの後も世間に出て修行することを重要視して、多くの師家達の語録が出版されたりしている。

「第三（の）方法論に於いては、静座の形式は瑜珈《ゆが》【ヨーガ】に似ているが、単なる観照、単なる止水明鏡が極地でなく、悟、即ち積極的な宗教的経験が目的であり、禅那《ぜんな》は単なる道程で重要なるは宗教的経験である。此は欧州の神秘主義と同様であるが、欧州に於いては宗教的経験は少数天才者の僥倖とする所に過ぎないが、禅に於いては、方法論的に宗教経験に至る道が明かにされ、何人も一定の方法に依って之に達せられることを説いた。

之が為に重要な役目を演ずるものは、古人の宗教的経験と仏教の経典を基礎とする公案【悟りを開かせる手助けとして、師が弟子に与える言葉による問題】である。公案の一事が師家の宗教的経験と相俟って禅宗をして歴史的、客観的基礎を得さするもので、之が欧州の神秘主義の全然主観的なると異なる点であると述べ、更に臨済の古則公案と曹洞の現成《げんじょう》公案の別を聖書的啓示と自然的啓示に比して説明し、古則公案の内容を、自利、利他、絶対自由の三境界に関係させて説明した。最も滑稽であったのは百丈《ひやくじよう》と馬祖《ばそ》との則に、百丈が馬祖の鼻をねじる【正しくは「馬祖が百丈の鼻をねじる」】所があるがリッケルト先生は之を以て師匠が弟子を罰したのだと解し、列席のマンハイム博士は師の弟子に対する警告であると評して、其の意見の意相違は満場の笑を買ったが、共に師の弟子に対する無限の慈悲であることを悟り得なかった。」

馬祖は八世紀の唐代の禅僧で、指導者として極めて優れており、生涯に一三〇名以上もの僧を育て上げたと云われる。弟子の百丈も、後に禅宗の全般に亘る規則集「百丈清規《しんぎ》」を作る名僧となる。師と弟子の野鴨をめぐる話は、『碧巌録』第五三則に出てくる。ある時この二人が連れ立って歩いていると、野鴨が飛び去るのが見えた。馬祖が「あれは何だ？」と問うと百丈が「野鴨です」と答える。馬祖が再び「何処へ飛んでいくのか？」と問うと「飛んで過ぎ去ってしまいました」と答えた。すると馬祖はいきなり百丈の鼻をひねり上げた。百丈が痛みに忍えきれずに声を上げると、馬祖は「何処にも行っていないではないか」と云った。その瞬間に百丈は悟りを開いた、と云う話である。禅の悟りは何時何処で起こるか解らない。一心に心を凝らしていると、星が瞬くのを見た瞬間や咲いている桃の花を見た時、小石が竹に当たった音を聞いた瞬間など、わずかなきっかけでも悟るという。弟子はその時を逃さぬように常に心を凝らしており、師は弟子の様子を良く見ていて、その瞬間が来たら手助けをするのである。野鴨を見た時、馬祖は百丈の仏心の在りかを見ていたのであろう。師家は弟子が公案に取り組んでいるとき、普段は如何に弟子が苦しんでいようと、その解決には決して手助けはしない。しかし、決定的瞬間には、少し手荒なこともする。それが師の慈悲のあり様である。【なお、この「馬大師野鴨子」の公案の意味することについて、オイゲン・ヘリゲルは彼の遺著『禅の道』（文献21）に引用して、（鈴木大拙の解説に従って）「悟りは、一種の内的知覚であり―個々の対象（野鴨）の知覚ではなくして―いわば実在そのものを知覚する能力なのである」ということを説明するものとしている。】

「第四に私は禅の真理内容に就いて下の如く説いた。禅は自性従って世界の本質の徹見にあるが之は積極的には規定は出来ぬ。蓋し凡そ積極的なものは全体の或る部分を否定したもので、従って世界の本質を積極的に説明することは、之を限定することである。禅の説明が消極神学の形式を取るのは之が為めである。禅が積極的に説明せんとすれば、必ず、反対性の二つの定義を利用する。従って禅には矛盾律は適用せぬ。否進んで大にパラドクソン【パラドックス、逆説】を利用し、クザヌスの如く反対の帰一を説かねばならぬ。臨済の四了見【四料揀《しりょうけん》。客観を排した主観的な立場、主観を排した客観的な立場、主観も客観も排さない立場、主観も客観も排した立場。この四つの立場や境地に、自由自在に立てねばならない。】の如きは、一切の概念的規定の無効なることを示す一例である。人格的神の如きも、既に概念的規定をうけたもの、神を信ずることに非ず、神と化すること、否神を忘却することが第一義である。エックハルトが信愛望よりもAbgeschidenheit【離脱】が最高道徳なりと云った如く、善悪の彼岸に在って、価値の絶対比性に逍遙することが修養の極地である。

然からば、如何にして悟りの境地から、活動の境地に至り得るか。此の疑問は既に仏陀に解決されてゐる。仏陀が一度大悟するや山川草木悉皆成仏《さんせんそうもくしつかいじょうぶつ》すと感じ救済の必要なければ、直ちに涅槃に入らん考へたが、自分の大悟せざる当時の不安の心理に対する記憶を縁として、周囲の衆生の苦悩に同感し得て、之を救済せんが為め世間的活動に出た。即ち観照と活動とをつなぐものは、世間の苦悩に対する同情である。禅は慈悲以上の境地を有するが此の慈悲が世間的活動の機縁となる。これが禅が神秘主義にして静寂主義に堕せざる所以である。「無為の為」とは即ちこれであると。」

以上が講演要旨である。

この講演によって、リッケルトやその場に居合わせた哲学者達は、「東洋の神秘説」に本格的に接したものと思われる。

北はこの講演の発表について細心の注意を払った。文章の校閲・訂正をヘリゲルに依頼したが、この時に、ヘリゲルは直ちに感激を以て北に共鳴してきたと云う。また。講演の前夜には、ドイツ語の発音についてヴィンクラー博士を招いて訂正して貰っている。そのようにして準備した講演は大成功であったと、北自ら「講演は幸ひ聴講の学生に非常な感動を与へ、一は外国人たりしが為か、満堂足ずりして祝意を表した。演習としてはかかる例は絶無であるとは列席せるヘリゲル博士の言であった」と書いている。【ちなみにリッケルトの演習の授業は、教授の自宅で行われるのが常であった。応接間と食堂との二間続きの空間は、多い時には六〇名ほど収容できたという。当時の大学教授達はそのように広い邸宅に暮らしていたのである。】

講演の準備に周到な心配りをした北は、恐らくその内容についても、いわば専門家の、臨済宗の居士である親友の大峡に就いて教えを乞い、自らの知見の確認などをしたに違いない。

大峡は「竹堂」と云う号の居士で、臨済義玄の法を継いで四二代目に当たる（つまり釈迦から数えると七八代目の法孫の）釈宗活から印可状を授かっていたという。従って、自分が釈迦の第七九代目の法孫であることを、日頃から深く自覚していたことであろう。ハイデルベルクのドイツの民衆の間での生活に於いて、常に悟後の修行、動中の工夫に懸命に励んでいたことであろう。実際、北の回想記「ハイデルベルヒの思ひ出」（文献7）に依れば

「大峡君は（滞在していた宿の）主婦が『天より使はされた人』と呼び、ハイデルベルヒの有名な牧師が『基督教徒の典型』と呼んだ程の典型的な為人であった。信仰は禅宗であったが、愛他的情熱の燃ゆるが如きところ、基督教徒とも、真宗信者といってもいいやうな性格の持ち主であった。同君は、我々日本の留学生が為替成金で裕福なのであるから、成るべく我々の周囲の独逸人に親切にし、我々の生活の袂を分たうではないかと提案した。」「私も大峡君の提案には賛成した。大峡君は天性の人間性よりして、付近の子供等の為めに、常にチョコレートをポケットに用意し、一片の肉も主婦と子供等に分ち、又子供等の望みに応じて彼等を自動車にまで乗せて、その嬉々たる様を見て、我が子の如く喜んでゐた」という。まるで、法華経に出てくる常不軽菩薩《じょうふきょう》を思わせるような行動である。

このような大峡の行動は、単に富の平等な分配という単純な動機だけに由るのではないであろう。

臨済宗の僧達が常に唱えている白隠禅師の「座禅和讃《わさん》」は、「衆生本来仏なり」という言葉で始まる。つまり、人は誰でも、本来自分の持って生まれた仏心に目覚めれば、仏となる尊い身であるという教えである。大峡はそのことを固く信じて、菩薩行をしていたのであろう。

北は別の文章（「リッケルトを中心にして」）の中で、「日本第一の人格者として畏敬措く能わざる大峡教授」と表現している。

ヘリゲルが、禅の生身の体現者としての大峡に、つまり悟りを開いてその後も実生活での修行に真剣に励んでいる大峡に出会った時に、深い関心を抱いたのは当然であろう。二人は会った時から意気投合したという。また、一緒にドイツ国内を旅行したりして親交を結んだという。

更に大峡は、ハイデルベルクに滞在中に、講師のアウグスト・ファウストと共に、『禅―日本で生きている仏教』という表題で、禅宗の詩や公案集からの抜粋の書物を編纂し、ドイツ語に翻訳して出版した（文献22）。大峡はその書を師の釈宗活に献呈している。

大峡秀栄とアウグスト・ファウストの著作

この書は、「序文」、「導入文」、および「翻訳文」の三部分から構成される。

先ず巻頭の「序文」は、マールブルク大学のルドルフ・オットー教授、ファウスト博士および大峡秀栄による三つが付けられている。

内容を見てみると、大峡は「序文」の冒頭に、白隠禅師の「座禅和讃」の第二節を引用して示している。また、「翻訳文」にも座禅和讃が含まれている。このことからも判るように、この書の意図は、中国の禅仏教からは独立した、当時の日本の国内に「生きて」いた臨済宗を紹介することである。

大峡による「導入文」も大まかに三部に分けられる。第一部は禅とは何かという概論、第二部は禅の歴史、第三部は禅についての理論的考察と、禅を修めた歴史上の人物の話からなっている。

第一部の概論では、釈迦から始まった禅が、師から弟子へと代々伝わって来たことから、現在の禅院での修行法まで解説してある。例えば禅堂での修行の基本的な方法である座禅については、足の組み方から呼吸の仕方まで、実践者である大峡の生き生きとした、明快で詳細な説明がある。そして座禅による精神統一をしての瞑想により、煩悩や無明の本質に迫り、それら総てを、対決すること無く瞑想の中へ合流させて、突然の仏性の体得、つまり見性に至る。これを「偉大な体験」と呼んでいるが、禅は不立文字であるので、この根本体験がどういう変化であるかの説明はない。

第二部の禅の歴史では、祖師から代々の禅師達への伝達が述べられている。釈迦から伝えられる真理は一つであり、それが変わらずに「一器の水を一器に移す」ように伝達されることが繰り返し述べてある。従って、教義の歴史的な変化よりは、師資相承の系図や人物の行動の伝記に重きが置かれている。また、今に伝わる人々の伝記の精粗の程度を反映してか、各人についての記述には、精粗の差が見られる。

我が国の歴史においては、天皇や鎌倉時代の北条氏などの権力者との関係の記述が目立つ。これは時の権力者と深い結びつきのあった我が国の臨済宗の一つの特色であり、権力との世俗的な結びつきを忌み嫌った道元を始祖とする曹洞宗と対照的である。

第三部では天台宗と華厳宗についての理論的な解説が述べてある。そして、「真理は、学術的で理論的な探究を閉じなければならない正にそのところで、その扉を開ける」として、禅仏教についての理論的な考察はない。また、禅の優れた修行者として、山岡鉄舟や芭蕉、雪舟などの名前が挙げられているが、記述は忠臣楠木正成の行状について詳しく、かつての我が国の皇国思想を反映している。

以上が「導入文」の概要であり、これは本書全体のほぼ三分の一のページ数を占めている。

続く「翻訳文」は、翻訳の文章にそれとほぼ同量のページ数の詳細な「注」が付されたものであり、これが本書の核心であろう。翻訳された文章は、我が国で読まれていた経文と、二つの詩集、および公案集から幾つかの則を抜粋したものである。すなわち、Ⅰ誓願文、Ⅱ座禅和讃（白隠）、Ⅲ信心銘（鑑智僧璨《かんちそうさん》）、Ⅳ証道歌（永嘉真覚《ようかしんかく》）、Ⅴ公案集からの抜粋等である。

この中には、先にも触れたように、白隠の「座禅和讃」が含まれており、これは本書の特色をなしている。公案集は、主として『無門関』と『碧巌録』から採択されている。即ち、『無門関』より一六則、『碧巌録』より一二則、その他三である。『碧巌録』では、元のままでは長過ぎるので、園悟よる「垂示《すいじ》」【前置き文】、雪竇《せっちょう》による「本則」と「頌《じゅ》」【詩による評】のみが採用されており、園悟の「著語《じゃくご》」【間に差し挟む短評や合いの手。下語《あぎょ》】と「評唱」【解説や論評】は省かれている。以上が本書の内容である。

ヘリゲルは、勿論大峡達の著作に大いに関心を示した。大峡の序文によれば、「私の友人のオイゲン・ヘリゲル博士は、既に出来上がった翻訳を、自ら進んで目を通して、私と詳細に検討してくれた」という。また。ファウストも序文の中で、「詩の部分の美学的な点については、ヘリゲル博士によって仕上げられた」と述べている。書物の出版は、ヘリゲルが来日した後の一九二五年に行われた。

このような経緯から解るように、ヘリゲルは既にドイツにいる間に、北昤吉や大峡秀栄を始めとする留学生達から、日本の禅についてかなりの知識を得ることが出来たのでる。当時は、鈴木大拙による日本の禅に関する啓蒙書は、まだ出版されていなかった。

ところで、大峡がこの書を著した動機は、学術的な立場から日本の禅を紹介することではなく、信者の立場から、臨済宗の教えを広く知らしめることにあったものと思われる。本書の「序文」の冒頭で、ファウストも大峡自身も、著者は文献学者ではないということを強調しているからである。そして、教義の歴史的な変遷については重きを置かず、僧達の間で語り伝えられてきた出来事や、昔の物語の中に登場する人物の行状を、そのまま歴史的な事実として取り扱っている。従って、もしこの書を学術的な立場から見た場合には、問題が残るものと思われる。

その一例として、大峡は解説の「導入文」の冒頭で、釈迦が菩提樹の下で、生きとし生けるものに仏性があること（つまり「一切衆生悉有仏性《いっさいしゅじょうしつうぶっしょう》」）、更に植物や国土にまで仏性があること（つまり「草木国土悉皆成仏《そうもくこくどしっかいじょうぶつ》」）を悟って、これが先ず第一の「『禅』の始まり」であると述べている。続いて大峡は「世尊拈華微笑《ねんげみしょう》」の話を述べて、これが第二の「『禅』の始まり」であるとしている。そしてこれら二つのことは、「導入文」中の仏教の歴史の部分でも再度述べられている。

しかし、「一切衆生悉有仏性」ということは、初期の経典には書かれておらず、大乗仏教の経典の『涅槃経』に初めて出てくることは良く知られている。また、我が国ではよく耳にする「草木国土悉皆成仏」と言うことも、インドで生まれた思想ではなく、六世紀頃から中国で云われ始めたことである。例えば『禅学大辞典』（大修館書店）（文献23）によれば、牛頭法融《ごずほうゆう》の『絶観論』にこの主張が見え、唐の時代に、六祖慧能《えのう》の門流である南宗《なんしゅう》禅において、「一切衆生悉有仏性」の徹底として主張されるようになったということである。

また拈華微笑の話は「不立文字、教化別伝」の例として、『無門関』の第六則にも引用されており、我が国では良く知られている。すなわち、釈迦が聴衆の前に立って、説教を始める前に黙って一輪の花を手に持って拈《ひね》っていた。誰もどういう意味か判らずに黙っていた。すると弟子の摩訶迦葉《かしょう》のみが釈迦の意図を理解してにっこり微笑したので、釈迦は自分の教えをすべて迦葉に伝授すると言ったという話である。【また、中国や日本で、この話が「以心伝心」の意味を持つものとしてすんなりと理解されるのは、『論語』の中に「夫子一貫」の章があるからであろう。つまり、ある時孔子が弟子の曾子に呼びかけて言った。「我が道は一、以て之を貫く」と。曾子は「はい」と答えた。後で弟子達が、一体、どういう意味なのかと曾子に問うと、先生は「私の道は忠恕《ちゅうじょ》（誠実と思いやり）のみ」と言ったのだと答えた。つまり曾子には以心伝心で、孔子の考えが解ったのである。】

大峡は、恐らく日本人の信心の基盤に立って、拈華微笑の出来事が言葉によらずに、以心伝心で真理を伝えて行く『禅』の始まり」であると解説しているものと思われる。しかしながら、『禅学大辞典』（文献23）によると、この拈華微笑の話は、中国で撰述された『大梵天王問仏決疑経』という偽経に載っているものであるという。

禅はその始まりが、偽経の中の寓話にある仏教であるという大峡の解説は、我々日本人には、特に信者には、違和感がなく受け取れるものではあろうが、経典に基づくインドや欧米の人々にとっては、理解が難しく受け入れ難いと思われる。

ヘリゲルの来日

ヘリゲルは第一次大戦に直接参加して、五年間も祖国のために戦って敗れた。戦後の悲惨な経済生活を余儀なくされたドイツ人の間には、神秘主義への関心を高めた人達もあったであろう。その上、ヘリゲルは元々若い頃から、神秘説に深い関心を持っており、エックハルトの著作などを熱心に読んでいた。しかしながら、その真の理解には、知性のみに依るのではなく、体験を介さないとどうしても越えられない、壁のようなものが存在することを感じていた。後に、『弓と禅』の中で次のように述べている。

「私は学生時代からすでに、不思議な衝動に駆られて、神秘主義を熱心に研究していた。そのような関心がほとんどない時代の風潮にもかかわらずに。しかし、いろいろ努力を尽くしても、私は神秘主義の文献を外から取り組むより他なく、神秘主義の原現象と呼ばれていることの周りを回っているだけであることを意識し、あたかも秘密を包んでいる周りの高い壁を越えて入ることができないということを、次第に悟るようになった。神秘主義の膨大な文献においてすら、私が追求しているものを見出《みいだ》せず、次第に失望して落胆して、真に離脱した者のみが、「離脱」ということが何を意味するかを理解できるのであり、自己自身から完全に解かれて、無になって抜け出た者のみが、「神以上の神」と一つになる準備ができるようになれるのだろうという洞察に達したのであった。それゆえ、私は、自らが経験すること、苦しみを味わい尽くすこと［修行］以外には、」神秘主義に至る途《みち》はないこと、この前提が欠けている場合には、神秘主義についてのあらゆる言明は、単なる言葉のあげつらいに過ぎないことを悟ったのである。」（文献3）

禅の「悟り」も、そのような神秘を包んでいる高い壁を跳び越え、離脱して、自らが「仏」となることである。しかも禅宗では、凡人でも悟りに至る事のできる修行法が確立されていて、今も行われているという。

「それゆえ、ある日、――私はその間に私講師になっていたが――東北帝国大学で哲学史を教える意思があるかという要請を受取った時、日本の国土と民族を知るようになる可能性が与えられるのを喜んで受け入れた。それによって仏教に、［禅仏教の］沈潜の実践と神秘主義に関わり合える見通しが開かれるというだけでも、すでに大変喜ばしいことだった。」

こうしてヘリゲルは、仙台市の東北帝大の外国人教師として来日したのであった。

三木清の憤慨

しかし、全ての人がヘリゲルの来日に賛成した訳ではなかった。マールブルクにいた三木清は、ハイデルベルクの羽仁五郎に宛てた一九二三年一月二二日付けの手紙（文献15）で、先ず最初に、ヘリゲルの東北大学への対応について不満を述べて、その後に次のように書いている（傍点は原文のまま）。

「―かうしてヘリゲル博士も日本へ行くのか。それはお目出度いことに相違ない。然し私はひたすらにかの貧乏から逃れるために海を渡ってゆくヘリゲル博士の姿を思い浮かべるとき、寂しい心にならざるにはゐられない。仙台で頭の悪い学生に向かってまたあの“Worauf es ankommt”【問題点（肝心なこと）は…】を繰返へすのであるか。ラテン語やギリシャ語の初歩を教へるために沢山の時間をもたされるのではないか。A氏やS氏のやうな気の長い独逸語を話す人々と多くの時間を潰すのであるか。こんなことを考へるとき、何故にヘリゲルは Privatstunde【個人教授】にいくらかの時間をとられながらも、なほかつハイデルベルヒにとどまって「哲学」のために戦ってくれないかと思ふ。それがリッカートの云ふ「Lask に対する本当の Pietaet【報恩、謝恩】」ではないであらうか。—」

三木は、ヘリゲルがドイツの貧乏生活から脱出するために日本へ行くのだと思っている。そうして、京都か東京ならまだしも、仙台に行って、頭の悪い学生相手に古典語の授業時間を沢山持たされたり、変なドイツ語を話す教授達との会話で、無駄な時間を費やすことを惜しんでいるのである。優秀な哲学者であるヘリゲルが、生活のために、いわば哲学の聖地であるハイデルベルクを捨てて、極東の僻地に赴くことを残念に思っているのである。

「—かくしてヘリゲルは海を渡ってゆく。私は彼の姿を寂しむ。然しながらこれも一つの“Leben”【人生】であるのか。私は静かに見守らう。」

こうは言ったものの、三木は来日には、どうしても賛成できなかったようである。

三木は、ヘリゲルから一年の間、ラスクの哲学について親しく教えを受けた。三木は、哲学についてのヘリゲルの能力をよく理解して、高く評価していたのであろう。ヘリゲルも自分と同じような真剣な気持ちで、「哲学」に生涯を懸けているものと思っていたのであろう。その思いが裏切られたように感じたのかも知れない。

二月一一日付け書簡でも、来日の問題に関してのヘリゲルの態度が煮え切らなくて気に入らないと、三木は大いに憤慨して、羽仁に不満を漏らしている。（東北大学の他に、北昤吉の研究所にも招聘の話があったようであるが、書面だけからでは詳しいことは読み取れない。）それでも、手紙は次のように結ばれている。

「一度はヘリゲルと君との送別会を盛にやらうと考へたこともあるが、今はヘリゲルにも逢ひたくない。にえきらない人間を見るには大きな我慢が必要である。ヘリゲルから送ってくれたラスクの第三巻は受け取ったから、ヘリゲルに君から簡単に礼を伝へておいてくれないか。ラスクの"Platon"は素晴らしい。ラスクを読んでヘリゲルを思ふ。人間の運命を思ふとき、憤慨を感じながらヘリゲルもまた愛すべき男であるのかも知れない。君の次の頼りを待っている。」

更に二月二〇日の書簡は、次のように書き出されている。

「一八日附けのお手紙有難う。その後ヘリゲルのことは確定したらうか。矢張心配になる。」「ヘリゲルも態度を一貫してゆかないと、或は後に酷い目に合ふかも知れない。今度逢ったとき、東北との関係は片附いてしまったかと念を押してやっておいてくれないか。いづれにせよ、この際あらゆる関係を明白にすることは彼にとって何よりも必要なことだと思ふ。」

そして、アリストテレスやハイデガーの話題の後に、次のように書かれてある。

「暫らくの後には君と会ってゆっくり話が出来よう。ネッカーの谷を二人でぶらぶら通ってゆくのも面白いではないか。君の勧めてくれたやうにヘリゲルと三人で酒を飲むのもいい。私達がよく散歩をした山の木立の中から夕暮町の灯を望むのもいいではないか。」

三木清はようやくヘリゲルの東北大学行きを、自分に納得させたようである。

後年、ドイツ帰国後の一九三六年に、ヘリゲルがベルリンで行った講演録が『日本の弓術』として公刊された時、三木は初めてヘリゲルの来日の隠れた目的を知ったのである。仙台への赴任を改めて納得して、「ヘリゲルもまた愛すべき男である」と思ったのかも知れない。三木は、『日本の弓術』をヘリゲルの「土産」と呼んで評価した。

もし三木清が『弓と禅』を読むことができたなら、何と言ったであろうか。

第二章　日本でのヘリゲル

1. 哲学者としての活動

大正一三（一九二四）四月二九日に、ヘリゲル夫妻は神戸港に着いた。石原謙が出迎えに行き、同日夜に東京に向かい、更に五月二日には仙台に向かって出発した。それまで東京で勤務していた石原謙は、たまたま、少し遅れて東北帝国大学の法文学部へ新任の教授として、仙台に着任することになる。ところが、ヘリゲルは来日早々に不幸に見舞われた。

国際日本文化研究センターの山田奨治教授のハイデルベルクでの調査によると、来日の時既にヘリゲル夫人の男爵令嬢パウラは身重であり、長旅の疲れからか、仙台で女児を死産したという（文献24）。そして間もなく、自分自身も死去してしまった。【山田教授の調査では、女児と夫人の死亡の日付は、それぞれ八月一三日と八月一八日となっている。この日付は、次の石原謙の回想とは異なり、新学期の始まる九月に近過ぎるようである。】

石原謙は当時のことを次のように回想している。（「学究生活の思い出」文献11）

「私は大正一三年六月に仙台に赴任したが、間もなくヘリゲル夫人が病に斃れ、七月九日に逝去した。ヘリゲル氏の悲嘆は言語に絶し、全く不眠に陥り殆ど健康にも支障を来すばかりで、私たちも之を慰める言葉を知らなかった。九月に秋の学期の始まる頃から幾分元気を取り戻したらしく見えたが、私はよく裏山【青葉山】の散歩に連れ出したり、同氏が写真術に堪能で自ら現像室を工夫したりしていたので、コンクールと称して一緒に現像をやったりして、時間つぶしをした。」

西南学派の系譜

ヘリゲルが来日した大正一三（一九二四）年は、たまたまイマヌエル・カント（一七二四―一八〇四）の生誕後二百年目の年であった。ヘリゲルは哲学者としては新カント学派のドイツ西南学派（ハイデルベルク学派）に属していた。そしてカント哲学の理解について、並々ならぬ自信と自負を有していた。『弓と禅』を翻訳した教え子の稲富栄次郎（一八九七―一九七五）は、その中に収めた「ヘリゲル先生の想い出」に、次のように書いている（文献1）。

「（ヘリゲル）博士はよく、『自分はカントの第一批判を十五回読んだ。』と語られていた。そして今日人々がカント、カントというが、カントの真精神を理解している者は殆んどない。だから自分は、『知られざるカント』という書物を書くつもりだなどとも言っておられた。」

「ハイデルベルヒ学派の哲学に限り、博士は満々たる自信を以て臨まれ、講義の途中、時々同学派の伝統を、カント―ロッチェ―ヴィンデルバント―リッケルト―ラスクと板書せられたが、その時ラスクの次はいつも疑問符（？）を以て結ばれるのだった。それはこの疑問符の主、外ならぬ我ヘリゲルこそ、これを継ぐべき代表者であることを、言外に漏らされたものであったのである。とりわけ先生はラスクの愛弟子であり、その全集の編集者であるだけに、ラスクに関しては、我こそ世界の第一人者であるという不動の確信を持っていられたようである。」

これより少し後のことになるが、昭和一二（一九三七）年に、京大教授であった九鬼周造は、京都帝国大学夏期講習会において、「現代哲学の動向」という題の講演を行った。その講演録（文献25）の中にはヘリゲルの哲学への言及もあるが、特に、巻末の「要項　現代哲学」と題された一覧表の中の西南学派の欄には、「ヴィンデルバント、リッケルト、ラスク、ヘリゲル」という系譜が記してある。つまり、稲富らへの授業で、ヘリゲルが板書して示した疑問符（？）の所に、ヘリゲルの名前が書かれている。西南学派の系譜は、ヘリゲルが信じていた通りに、当時の学界でも認められていたことを示しているものと思われる。

講演会

ヘリゲルが東北大学に着任した大正一三年には、カント生誕二百年を記念して、日本の各地の大学で学術的な行事が行われた。仙台の東北帝大では六月に講演会が開かれた。夫人の不調という個人的な事情などに関わりなく講演を依頼されたヘリゲルは、早々に、カントについての講演から日本での活動を開始したのであった。

更に一一月には、東京帝大でもカントに関して同様な講演をヘリゲルは行った。この上京の折には、東大での講演の三日前にも、北昤吉の通訳で、東洋文化協会で「現在における形而上学の試論」と云う題で講演をしている（東大の『哲学雑誌』三九巻四五四号の記事）。題名からすると、講演の内容は、この翌年四月の京都帝大で行われる講演の前駆をなすもののようである。

京都帝大では既にその年の四月に、カントの記念講演会は済んでいた。京都訪問については、寒い時期よりも春になってからの方が良いという西田幾多郎の薦めもあって（文献26）、ヘリゲルは翌年の四月になってから京都に赴いて講演を行うことになった。但し、その前の大正一四年の一月に、西田が上京して帝国ホテルに滞在していた折に、ヘリゲルは西田を訪ねて、二度ほど面会している（文献16）。

四月のヘリゲルの上洛に際して、西田は門下の西谷啓治や高坂正顕に手紙を出して、自分と一緒にヘリゲルを京都駅に迎えに来るようにと依頼している（文献26）。そして西谷宛の手紙には「君や高坂、木村などに（一週間程都ホテルに居るさうですから）何処か京都の案内を頼みます　一緒に散歩でもして哲学の話を聞いてはいかん」と促している。西田は、まだ留学の経験の無かった若い西谷らに、ドイツ語による哲学の討論の機会を作ったのであろう。

このようにしてヘリゲルは、大正一四（一九二五）年四月一三日の午後に、西田幾多郎と西谷啓治【宗教哲学者、後に京都大学教授】、高坂正顕【哲学者、後に京都大学教授】の少なくとも三人に、京都駅での出迎えを受けた。西田はその時が初対面ではなかったのであるが、壮齢の哲学者ヘリゲルに対して、相応の礼を尽くしたのであろう。

その後、先ず一週間は、多分西谷らの案内で、京都を見物して、滞在最終の二〇日に、「現代ドイツ哲学に於ける形而上学の新たな萌芽」という題の講演を京大で行った。新たな形而上学の提唱を行ったこの講演会の模様を伝えた京大の『哲学研究』誌の記事には、この講演の後、「京大本部の楼上で茶話会を開く。西田教授、波多野【精一】教授、和辻【哲郎】、岩井両講師、その他多数の来会者あり、盛会なりき」と報じられている。

これらの講演の他に、ヘリゲルは日本滞在中に、少なくとも三篇の論文を書いた。その第一篇は、東北大と東大での講演の内容を基にして書かれたもので、後に石原謙によりドイツ語から翻訳され、「カントの実践理性優位説に就いて」と題されて『思想』誌に発表された（文献27）。二篇目の論文は、「妥当、価値、当為、規範」という題で、細谷恒夫による日本語訳が雑誌『思想』に発表された（文献28）。しかし、これらの一、二篇とも、日本語訳のみ発表されて、ドイツ語の論文は発表されなかった（文献4）。三篇目の論文については後に触れる。

哲学界への影響

ハイデルベルク学派は、当時の哲学界の主流の一つであったから、ヘリゲルの師であるヴィンデルバントやリッケルトの著作や論文は、我が国に於いても良く読まれ、翻訳や紹介が行われた。ヘリゲル自身の教授資格取得論文「原素材と原形式」も、大正一五（一九二六）年から翌年にかけて、高井篤による序文の日本語訳（文献29）が行われ、また東京大学の加藤将之による「ヘリゲルの主観主義」と題された論評（文献30）が発表された。早稲田大のグュルベルク教授は、ヘリゲルの論文の研究は、主に東京大学の研究者によって行われたことを述べている（文献4）。

また、本書の冒頭の「序」において触れたように、グュルベルク教授は特に、エミール・ラスクの哲学の日本への受容に関して詳しく研究して、その受容の際にヘリゲルの果たした役割が大きかったと述べている。ヘリゲルはラスクの全集を刊行した直後に来日したので、その事からもこれは当然の結果であろう。

グュルベルク教授の作った「エミール・ラスク文献年表」（文献5）によると、ラスクの論理思想に関する日本語の論文の発表は大正七（一九一八）年から始まった。そして昭和六年迄にそれに関係した日本の研究者達一二人が名前を連ねている。

大正八（一九一九）年には、京大法学部の恒藤恭（一八八八―一九六七）によって「ラスクの『法律学的方法論』の解説」が発表された。さらに大正一〇（一九二一）年に、恒藤は『法律哲学』の翻訳をした。【恒藤恭は旧姓を井川と云い、芥川龍之介の作品の中に、畏敬する秀才の友人として登場する事でもよく知られている。恒藤自身も『旧友芥川龍之介』の著書を残した。滝川事件の際に京大教授を辞任、後に新制の大阪市立大学初代学長となった。】

また、北昤吉は、ヘリゲルの来日以前にハイデルベルクから帰国していたが、大正一二（一九二三）年から昭和初年にかけて、雑誌『学苑』などによって、盛んにラスクの哲学の紹介を行った。

なかでも大正一四（一九二五）年に発表された田辺元（一八八五—一九六二）による「ラスクの論理」の論文は、グュルベルク教授は、単なる紹介ではなく優れたラスクの論理思想についての研究論文であるとして、そのドイツ語への翻訳をしている。教授はまた、西田幾多郎の「場所論」の形成に際して、ギリシャ哲学に加えて、西田自身はあまり明解な説明はしていないが、ラスクの哲学が重要な作用をしたと指摘している。

ところで、田辺元がラスクの研究をした動機に関して、高坂正顕は田辺元の全集の解説の中で次のように述べている（文献31）。

「(田辺) 先生はラスクを愛してゐられた。ラスクに関するリッケルトの追憶の文章が現はれた時、先生はその大体の内容を、哲学科の学生の集まりの席で話されたことがあったと聞いた。ラスクは論理の人であると共に情熱の人であり、その点、先生に通ずるものがあったであらう。」

実際、田辺は「ラスクの論理」の学術的な論文の冒頭に、ラスクへの献辞のような文

田辺元（1922年、京大助教授、『田辺元全集』第2巻より）

章を、次のように書いている（文献31）。

「西南独逸学派の望を一身に懸けられたEmil Lask(1875-1915)が、四十歳を一期としてガリシアの戦場に斃れてから今年は丁度十年になる。その思索に於て徹底を求めなければ已まなかった哲学者ラスクは、実にまた、自ら志願して後方の勤務から戦線に身を移し、敵弾に其身を暴露せずには措かなかった愛国の戦士ラスクであった。彼の学問に尊敬を抱く私は、同時に彼の人物に対しても懐かしさ感ぜざるを得ない。今此小扁を草するに当って彼を偲ぶこと転《うた》た切なるものがある。」

更に論文の結末においても、田辺は次のように述べている。

「ラスクの論理思想はカントの先験論理を一面的に発展せしめ、之をその方向に徹底したものであって、我々はその思索の力強さと綿密さとを嘆称せざるを得ない。」「併しそれにも拘らず、カントの批判主義に対する論理的形式主義の一面に偏する解釈、これと結付く客観主義的偏見、及びヘーゲル流の発出主義を排斥するの余り形式論理の解釈の不徹底に陥ったこと等は私の賛する能はざる所である。事実ヘリゲル氏はラスクがその『哲学の論理』に於て行詰まりに逢着し、逝去の前には客観主義から主観主義に転じつつあったことを語っている。（Herrigel, Emil Lasks Werksystem, Logos, XⅡ, 1）。とにかく彼の遺稿は彼の思索が進んで倦むことを知らなかった跡を示すに充分であらう。これを見るとき我々は彼を惜むこと一層切ならざるを得ない。」

いずれにしても、ラスクの哲学は、来日したヘリゲルの影響も加わって、日本の哲学界に大きな影響を与えたのである。

2. 東北大学での活動

授業

ヘリゲルの東北大学での授業は、哲学の授業と演習、古典語としては初級と上級クラス向けのギリシャ語とラテン語であった。授業時間の一例は次のようであった（文献４）。

月曜日　二時間目（九～一〇時）　初級ラテン語
火曜日　二時間目（九～一〇時）　上級ギリシャ語、
　　　　七時間目（一六～一七時半）　上級ラテン語
木曜日　六時間目（一四時半～一六時）　哲学講義
金曜日　二時間目（九～一〇時）　初級ラテン語
　　　　六時間目（一四時半～一六時）　哲学演習
土曜日　二時間目（九～一〇時）　上級ラテン語

現在の教授達の授業時間に比べると負担の多い時間割である。三木清が心配したように、古典語の授業時間がずいぶん多い。但しこれらの授業課目の日時への割り振りは、年度により少しずつ異なっていたようである。（また、法文学部の授業学科目予定表によると、大正一四（一九二五）年度から初級のラテン語は小林淳男助教授の担当となった。）

ヘリゲルの指導ぶりについて、教え子の稲富栄次郎は、「ヘリゲル先生の思い出」の中で次のようなことを伝えている（文献1）。

「学年末に博士の単位をとろうとするものは、簡単な論文を提出することになっていた。そして当時のならわしとしては、教授も学生も、単位論文には余り力こぶを入れないのが普通であった。しかし我々が舌足らぬドイツ語で怪しげな論文を提出すると、（ヘリゲル）博士はいつも直ぐに一字一句ゆるがせにせず、克明に読んで詳細な批評をつけて返されるのだった。とりわけある時、私がラスクの範疇論に関して、批評を交えた論文を提出すると、翌々日突然博士から至急便が届いた。「何事ぞ」と驚いて開いて見ると、一昨日提出したばかりの論文が封じてある。見れば一字一句精細に読まれて、一面にアンダーラインを引いては、欄外に、Ja とか Nein! とかいう文字が夥しく記入してある。しかも最後には、私の論文よりずっと長い程の批評が、タイプライターで細かに打って添えてあった。私は一見して度肝をぬかれた形だった。あわててその内容を読んで見ると、終始新カント学派の、オウソドックスな立場で割切られていて、微塵のくるいもない。多少ともそれを逸脱して勝手なことを述べていると独立的思案（selbstaendiges Denken）という意味深長な言葉で片づけられいるのだった。私は今日まで、いまだかつてこの時ほど深く感銘し、また学問というものについて様々なことを考えさせられた経験を持たないのである。」

ヘリゲルは哲学の学問的な面に関して、厳格な教師であったことが判る。

また、ヘリゲルはその熱意が学生にも感じられるほどに熱心な講義をする教師でもあった。稲富の伝える実際の授業の場面は次のようである。

「当時はどの大学でもそうだったが、ギリシャ語の初級は、始め物珍しいという好奇心も手伝って、聴講者が大へん多かった。しかし日が経つと共に漸次脱落して、最後はわずか五六人になってしまうのだった。上級になると始めから五六人だったが、私のいた頃、その中でまたほんとうにやろうという人は、亡くなった助手の鈴木権三郎君、それに上田【『弓と禅』の共訳者上田武】と私との三人であった。

しかも上級のギリシャ語は、大学でも継子扱いにしていたのか、いつも午後四時から五時半までの最後の時間であった。ところが夏ならばいざ知らず、冬の仙台で五時といえばもう真暗である。おまけにスティームは弱って、無暖房に等しい粗末な木造の教室にはすき間風が遠慮なく吹きこんでくる。このような、外国人にとっては恐らく堪えられないであろう悪条件の下で、博士はたった我々三人のために、極めて熱心に講義を続けられた。雪の夜など、犇々《ひしひし》と身に染みる寒さの中で、青白い電燈に照らされた博士の横顔を見ると、まるで禅僧のような感じさえするのだった。」

この場面は正に、前章で天野貞祐が述べていた、冬休みに入って暖房の入らなくなったハイデルベルク大学の教室で、学生の求めに応じてプラトンのイデア論の講義をしたヘリゲルの姿をそのままに彷彿とさせる。(しかしそれと同時に、ヘリゲルが古典語の授業で「たくさんの時間を持たされ…」という、三木清の憤慨した表現も、筆者は思い起こしてしまう。)

稲富は次のように続けている。

「講義がすむと、上田と私はいつも博士と一緒に、人影もない大学の構内から、雪に氷った街を、鈍いゴム靴の音をひびかせながら、片平丁《かたひら》の官舎の前まで歩いて行った。途すがら話題はいつも学問上のことばかりに限られ、博士は吹雪の中で、いつも手を振り、体をゆさぶって熱烈に談論せられた。そして官舎の前まで来てもまだ話はつきず、暫く立止って談論を続け、話にけりがついたところで、やっと「では左様なら」と言って官舎への道を下りていかれたのである。その時真暗い吹雪の中で、官舎の電燈にぼんやり映し出された先生のシルエットは、今なお私の眼底にこびりついて離れない。」

エックハルトの勉強会

前述のように、仙台でのヘリゲルの同僚としては、殆ど同時に東北大学に着任した石原謙がいた。二人は次第に緊密な関係を結ぶようになって行く。

石原が最初に行ったことは、着任早々にヘリゲルがカントの記念講演会で行った論文を日本語へ翻訳することであった。この翻訳は前後二回に分かたれて雑誌に発表された（文献27）。内容が石原の専攻分野とは重ならないところもあったようで、その後半において、石原は新たに助教授として東北大学に着任して来た高橋里美（一八八六―一九六四）の助けをかりている。高橋はこの直後の大正一五（一九二六）年からハイデルベルクに留学する。

ハイデルベルクで高橋は、当時仙台に滞在中のヘリゲルに依頼されて、その夫人の姉にあたる人の家を、ミュンヘン近くに訪問して、喜ばれている（文献32）。また、西田幾多郎門下の務台理作（一八九〇―一九七四）を、ヘリゲルの父の家に下宿する斡旋をしている。この斡旋も恐らくヘリゲルに依頼されたものと思われる。高橋は、未だ大学院生の時から西田幾多郎の『善の研究』についての研究論文を書いており、西田と交流があったのである。

務台はフライブルク大学に留学するのが目的であったが、その前に、九月に学期が始まるまでの四ヶ月間をハイデルベルクで過ごそうとしていた。高橋自身もその年の一〇月に、ハイデルベルクでの一年間の滞在の後、フライブルクに行き、務台と共にフッサール教授の講義を聴いた。老教授は日本人に親切であり、二人を自宅に招いて、現象学の授業の補習などを行ってくれたという（文献32、33）。

西田幾多郎はハイデルベルクに着いて間もない頃の務台に送った手紙の中に、「ハイデルベルクは誰も静かな良い所と云ひますが独逸ではさういふ地方の静な町に古い学問上の歴史を有ち誇を有ってゐるのは羨ましいと思います」と書いている（文献26）。日本の大学の歴史はまだ浅く、その頃までは哲学は東京か京都でしか学べなかった。西田は、幾つかの静かな地方の学都が、それぞれに学問上の歴史と特徴を持って散在するドイツに、一つの理想の姿を見ていたのであろう。

また次の便では、「老ヘリゲル氏の宅にお移りの由　ハイデルベルクの意に適ひ落附いた気持ち

で居らるる由結構と存じます　二年の歳月も短いものと思ひますからなるべく見聞をおひろめにな

る様祈ります」と教師らしい注意を与えている。

ヘリゲルの父は、ハイデルベルクの「哲学者通り六番地」にある家に、孫と一緒に暮らしていたのであるが、その年の八月三一日に死去してしまった。この時に西田は務台に宛てた手紙には、「静なスピリチュアルな　ヘリゲル老人は死去せられた由　万里の異境にあるオイゲン・ヘリゲルにはさぞ残念に思はれたと存じます。併し六人の子供が巣立して孫と二人の静な生活の中に人知れず死んでゆかれた生涯は羨しい様な心持ちもいたします」と実感を込めて書いている。西田自身は前年の一月に、三〇年連れ添った妻を亡くしたばかりであった。また西田の八人の子供の内、四女は生まれて直ぐに亡くなり、長男も二三歳で夭折した。

東北大学に着任当初からの同僚であった石原謙は、古代中世哲学史や特殊講義と演習の授業などを担当していた。そして石原とヘリゲルは、二人が赴任した初めの年から、ドイツ神秘主義のマイスター・エックハルトの研究を始めた。石原は次のように書いている（文献20）。

「その年の秋頃から私たちは読書の会を計画し始めたが、同氏がもともと南ドイツの出身で、古い高地ドイツ語に、特に語学的な親しみを感じているのみでなく、ドイツ人に固有の神秘主義的な傾向も著しいので、エックハルトの原文を読むことを提案し、まず中高地ドイツ語の文法的手ほどきから始めてその特質などを学び、その後週一回プァイフアー編『エックハルト説教集』を読んだ。

私は以前にピュトナーの抄訳をみたことはあったが、中高地語による特殊の古雅な響きと之に伴う思想の内面性とは原語によって始めてよく味わい得ることを知り、エックハルト研究に対する新しい興味と意義とを理解した。又実際ヘリゲル氏の解説はこの神秘思想家に対する深い同感と共鳴とを伝えて余韻を存してゐた。私がこの講義から学び得たところは多くあったのは言うまでもなく、興味を覚えるに従って大学の講義にドイツ神秘主義を選んだり、之に関する論文を書いたりした。」

思想は言葉に依って構築されるから、言語の学習が基礎となることは言うまでもない。また、他の人の思想や論理の理解は、例えば前節で見た田辺元とラスクの場合のように、その人物に共鳴するものがある場合には、なお一層深まることであろう。ヘリゲルは学生の頃からエックハルトの思想に魅せられていた。エックハルトの研究に於いて、石原は最良の師を得たと言えよう。【なお、石原達の用いたドイツ語の説教集は一八五七年に刊行されたものであるが、これはJ．クヴィントにより校訂が加えられて一九五五年出版された。その後、一九三〇年代からドイツやヨーロッパ各地で見つけ出された多量のラテン語のエックハルトの著作が編集されて、一九五〇年代から以後に続々と刊行された。（文献34）】

石原の文章は次のように続く。

「そして研究を次第に拡げて十二世紀の婦人神秘家から十四・五世紀の神秘主義運動にまで及び、留学中に学んだシューベルト教授の講義や著述を参照して、ドイツ精神史の内的な感情の動きを味い探り、更にワッケルナーゲルやシェーンバハの編集した『古ドイツ説教集』などを集め、特にエックハルトに関しては種々の新しい語学的または思想的研究や校訂版を求めてやや専門的な領域に進んだ。」

石原は、このような研究に基づいて公刊した自分の研究報告を九編列挙して、さらに次のように続けている。

「神秘主義への関心の深まるにつれて、より痛切な問題として解決を要求されるのは、宗教改革の精神乃至本質との関連についてである。神秘主義がドイツ精神史に固有であると言っても、宗教改革の根本思想と連ならないドイツ精神史はあり得ないし、考えられないからである。」「私としては神秘主義を神秘主義の思想史的意義の面から考え直し、他方ではルターの福音の理解を研究対象として研究しようと努力した。」

このようにして石原の研究は始められ、次第に独自の発展をして行った。昭和二七（一九五二）年に刊行された石原の『中世キリスト教研究』について、宮谷宣史は、

「石原の本はキリスト教に中心点をおいてなされたわが国最初の西洋中世研究で、類書にはみられない特色を有する。しかも、キリスト教側において本書を凌駕する作品が現在に至るまで出現していない事態を考察すると、本巻は一般史学者と教会史家が共に注目すべき大切な文献であり、また、ヨーロッパ中世世界を理解するために参照さるべき書物といえよう」と解説している（文献20）。

石原の中世キリスト教史の研究は、その後も連綿として継続され、『キリスト教の源流』（一九七二）や『キリスト教の展開』（一九七二）などの多くの著作として結実した。

なお、石原謙は、相対性理論や初期量子力学の研究で世界的な成果を挙げた石原純・東北帝大理学部教授の弟である。兄はアララギ派の歌人でもあり、我が国の先駆的な理論物理学者として、次世代のノーベル賞学者の湯川秀樹や朝永振一郎らに大きな影響を与えた。しかし、歌人の原阿佐緒との恋愛関係が新聞沙汰になったのを契機として、四〇歳で東北大学を去った。その後は転身して、わが国の科学ジャーナリズムの先駆者となり、ここでも偉大な足跡を残したが、不慮の交通事故に遭って、昭和二二年に六六歳の生涯を閉じた（文献35）。石原謙は、自分が雑誌『思想』等に投稿する際には、大学退任後の兄を誘って、同一の号に、度々兄弟そろって論文を掲載した。

石原謙は、昭和一五年に東北大学を辞任した後、東京女子大学長や学習院大学教授などを歴任し、昭和四八年に文化勲章を受章した。「文化勲章受章に想う」という文章で、東北大学時代の学究生活について、再び次のように回想している（文献36）。

「中でも忘れられないのは、その初期の頃ハイデルベルク留学時代から親しく個人

石原謙（1972年、満90歳、文献36）

的指導を受けていたオイゲン・ヘリゲル博士との交りである。この友を外人講師として迎えることができたので、家族的にも交り、郊外散歩などをともにした。学問的には同氏がアレマン族出身の家系に属し、中高地ドイツ語への郷愁を抱いていたので、このドイツ古典語の手ほどきをしてもらって、その後は毎週時を定めてマイスター・エックハルトを原語で一緒に読みかつ話し合った。これは全く一人対一人の私的な会で有益であり、私はこれに基づいて次の年度にはドイツ神秘主義を講義し、その前後十余篇の論文をかいた。」

石原は、昭和五一（一九七六）年に九四歳で天寿を全うした。

学都仙台とハイデルベルク

ところで後の話になるが、ドイツ留学から帰った後に東北大学の教授となった高橋里美は、昭和二三（一九四八）年に、大学を停年退職したが、更にその翌年の昭和二四年から三二年まで、停年後としては異例のこととして、東北大学学長に就任した。高橋が学長をしていた時代に、天野貞祐が昭和二五（一九五〇）年から三年余り文部大臣を務めた。所謂高度経済成長以前の日本の社会は、哲学者に社会的活動を任せるほど真剣に、しかも品位を保って、敗戦からの祖国復興に取り組んでいた。

昭和三〇（一九五五）年に筆者が東北大学に入学した時、高橋学長は、「東北大学の伝統的な特色は研究第一主義である。仙台はハイデルベルクやゲッチンゲンと比べられる学都として勉学に適した環境を持っているのだから、伝統を守って励むようにせよ」という趣旨の入学式告辞を行った（文献37）。高橋も西田幾多郎と同様に、地方の静かな古い街が、アカデミックな学問上の拠点となり、それを誇りとしていたかつてのドイツの姿を理想としていたのであろう。

また、仙台をゲッチンゲンやハイデルベルクに比したことについて、高橋は「学都仙台を思う」（文献33）という文の中で、次のように述べている。

「学都仙台はしばしばドイツのゲッチンゲンに比せられている。これはもと東北大学創立当初の理学部の先生達がゲッチンゲン大学の学風を尊敬して、東北大学も将来そのよう

高橋里美（1955年頃、東北大学総長室で、文献33）

にありたいという願望をあらわしたものであった。仙台はまたハイデルベルクにも比せられているが、これは恐らく法文学部創設以来のことである。その創設当時、ハイデルベルク大学から招聘されたオイゲン・ヘリゲル君が、青葉山をハイリゲンベルクと呼び、広瀬川をネッカーになぞらえたのが、期せずして法文の先生達が仙台をハイデルベルクになぞらえる機縁となったと思われる。」

仙台の広瀬川と同様に、ラインの支流のネッカー川がハイデルベルクの街の中心を通って流れており、その右岸には標高四四〇メートル余のハイリゲンベルク【原義は「聖者山《ひじり》」】がある。ヘリゲルの育った「哲学者の道」は、その山への登山口に当たるので、ハイリゲンベルクはいわば「裏山」と言える。対岸の山の麓にあるハイデルベルクの古城が、眺望の良いその通りからは勿論のこと、市街地からも、良く望めた。

青葉山は広瀬川右岸の丘陵であるが、川沿いの断崖の上には、伊達政宗が築いた仙台城（青葉城）の跡があり、そこからは眼下に仙台の街が一望できる。ヘリゲルが仙台に赴任した当初、ドイツから同伴して来た妻を亡くして悲嘆に暮れていたヘリゲルを誘って、石原謙は、当時住まっていた仙台市花壇の裏山に当たる青葉山に、時々散歩に出かけたのであった。その後もヘリゲル達は、よく青葉山を散策していた。

ヘリゲルは大正一四（一九二五）年九月に、生涯連れ添う妻となるグスティと再婚した。そしてその半年後、仙台に着任して二年近く経ってから後に、阿波研造範士に弓道を習い始めるのである。

3．ヘリゲルの弓の修行

ヘリゲルは大正一三（一九二四）年五月に来日後、直ちに日本の禅の修行をしたかったであろう。しかし、周囲の人々の忠告はそれに反するようなものばかりで、西洋哲学者のヘリゲルが、非思弁的な禅になぜ関心を持つのかを理解してもらうまで、多くの時間がかかったという。『弓と禅』の記述によれば、「そこで、人々が教えてくれたのは、ヨーロッパ人にとって、彼らとは最も遠い極東の精神生活の領域に入り込む事は望みがないことである。ただし、禅と関係している日本の「道《どう》」を学ぶことから始めるなら別であるが、ということだった。」それでヘリゲルの妻は生け花と墨絵を、ヘリゲル自身は、小銃とピストルの射撃の経験があったので、弓道を習うことにしたという（文献3）。

大正一五（一九二六）年の春頃、通訳の役目を引き受けた同僚の法学科の小町谷操三教授に伴われて、ヘリゲル夫妻は、大学の弓道師範であった阿波研造（一八八〇－一九三九）の許に入門を願い出た。すると、研造は最初は断ったという。しかし、「私を師の最も若い弟子として扱ってもらっていいと誓って初めて、師は私を弟子として受け入れてくれた。同時に妻も弟子入りした」（文献3）のであった。

この時に入門したのは、ヘリゲルにとって、偶然ともいえるほどの幸運な事であった。それより以前の時代には、剣道や茶道などとは異なり、日本の弓道は、禅とはほとんど関係がなかったのである。この点に関しては、ヘリゲルの『弓と禅』の記述には不備な点があるので、少し回り道になるが、弓道と禅の関係および師の阿波研造について、ここで少しだけ補足の説明をしておくこととする。【なお、以下で述べる阿波研造の伝記の詳細については（文献38）、特に参禅については（文献39）、弓道の歴史については（文献40）を参照】

弓術から弓道へ―本多利実の改革

弓術と仏教の関係を歴史的に見れば、日置《へき》流の創始者とされる日置弾正は、明応年間（一五世紀末）に高野山に登って修行したと伝えられている。また、慶長の頃（一七世紀初頭）に竹林《ちくりん》派を創《はじ》めた竹林如成《じょせい》は真言宗の僧侶であり、彼の著作『四巻之書』には、仏教や五行の説が深く影響している。さらに、鎌倉から室町時代の頃に、中国から渡来した清拙大鑑《せいせつだいかん》禅師に帰依した小笠原貞宗が、禅宗の百丈清規《ひゃくじょうしんぎ》に倣って『神伝糾《きゅうほう》法修身論』を撰して小笠原の礼法を大成したという。このようなことから、現在でも、弓道には幾つかの仏教の用語が残っている。しかし、その後の長く平穏な江戸時代を通して、仏教の影響は弓術からは、殆ど消え去っていたのである。

明治維新になって、武士階級が存在しなくなると、それまで行われていた武術として高度に鍛錬された弓術は途絶えてしまった。それを、時代に即した新しい弓術として変革した中心人物が本多利実《としざね》（一八三六―一九一七）であった。

旗本の家に生まれた利実は、将軍の警護という職務上の立場から、堂射【通し矢】ではなく、先ず尾州竹林派の歩射《ほしゃ》【徒歩で行う射術。ぶしゃ。徒弓《かちゆみ》】と騎射【馬上からの射術。うまゆみ】を身につけた。維新後、一旦は弓から離れていた利実は、間もなく、弓術が「品行、体育、衛生【健康法】」の向上に役立つ運動であるとの主張の基に、「正面打越し」の新しい射法を創始し、学生や市民のための弓術の普及に乗り出したのである。（文献41）

武士の弓術は、己に立ち向かう外敵を射倒す武技であり、必要なのは高度な技術である。伝統流派には、「飛、貫、中」（つまり矢の飛翔力、貫通力、的中率）または「中、貫、久」（的中、貫通、その恒常性）という標語があり、目当ての的は常に自分の外にある。利実は、いわば矢を従来とは逆方向に向けて、射手自らの品位や健康を向上させることを目当てとする、運動としての弓術へと変革したのである。弓術の理念の「コペルニクス的転回」であったと言える。

また、従来の歩射の射法は、すべて実戦に適した「斜面打越し」法であった。しかし、江戸末期の旗本達の間では、一旦、弓を身体の前正面に高く打ち起こす騎射の方法が行われていた。この正面打越しについて利実は、「前ニ構ヘル方ガ品位ガ良ク見エマス」と言って、それを取り入れたのである。

この利実の下に、明治四二年に、宮城県石巻出身の阿波研造が入門した。

阿波研造は明治一三（一八八〇）年に石巻の横川に生まれた、二〇歳の時、石巻で弓を教えていた旧仙台藩士の木村時隆に入門した。時隆は、幕末の仙台藩最後の指南役であった遠藤時影から、仙台藩雪荷派の免許皆伝を受けた最後の門人であった。

仙台藩雪荷派は、平塚籾右衛門《もみえもん》以来の堂射【通し矢】の伝統を引き継いでいた（文献39）。通し矢では、弓力が三〇キログラム付近の強い弓を、続けて何千射も引けることが、必要不可欠な条件である。研造は筋が良かったと見えて、入門後二年ほどで、時隆から皆伝を受けている。

阿波家は麹業《こうじ》を営んでいた。しかし、味噌や醤油を自家製にしなくなった時代となり、麹の需要は減少して、家運は傾いていた。それに加えて石巻に大火があり、研造の家も全焼してしまった。それを機会に、二九歳の研造は家をたたみ、明治四二年に仙台に出て、弓道指南家として生計を立てる決心をしたのである。師の時隆は、研造に仙台の旧制第二高等学校（以下では二高と略記）の弓術師範の地位を用意してくれた。（この時の二高弓道部員の一人が、後にヘリゲルに深い関係を持つ小町谷操三であった。）研造は以後三〇年間、終生、その地位に留まるのである。

しかし、若く無名の弓術指南家に就いて学ぶ者は殆どいなかった。本多利実に入門した研造は、極貧の生活をしながら度々上京して、新しい弓術について教えを受けた。研造は強弓を引く中《あ》て弓の名人として、次第に利実の門弟達の間で知られるようになった。

その頃の研造の学生の指導法は、的中を重視したものであった。七分の弓【弓力は約二九キロ（巻末の「付録」参照）】を楽々と引き、時には寸弓【弓力約六七キロ】ほどの強弓を引いて、部員と共に競射をした。特に放課後に研造の道場に指導を受けに来た部員に対しては、夜間に至るまで巻藁矢《まきわらや》で叩きながらの厳しい指導したという。

大正五年に大日本武徳会の京都大会で、研造は二位、その翌年は特選となり、全国一となった。その頃から、研造は単に的中を求める競射では飽き足らなくなって行った。

研造が最初に木村時隆から伝授されたのは、雪荷派の弓術であった。その基本的な教典である『日置流射儀初学式』(文献42)の冒頭は、「それ射は、心術を第一として」という言葉で始まる。「心術」とは精神の持ちようのことであり、それが最重要視されているのである。それに続いて、外面では姿勢を正しくして、内面では志を正しくという『礼記』の教えが述べられている。このことは研造はすでに身に付けていた。【研造は儒教による弓射の礼について、倫理の基準を昔の教典ではなく、「徳はその心に得るなり」として、人の心の「良知」に求めた王陽明に共鳴して、その『観徳亭記《かんとくていのき》』を、講習会などで、機会あるごとに講述した。】

さらに『射儀初学式』は、射技の要《かなめ》である会から離れについては、「我も知らず引きて離るべし」として、いわゆる自然の離れ、無心の離れを教えている。

師の尾州竹林派の本多利実が明治三三(一九〇〇)年に講述した『弓学講義』(文献41)には、次のような見解が述べられている。

「日置並ニ竹林ニテ申シマス通リ、花形ト云フテ麗ハシク射ルノガ的弓ノ主意デアリマス。」「射形ガ綺麗ナノハ其骨法ガ規則ニ叶フ故綺麗ナノデ、従テ外レル訳はアリマセヌ。」

「私ノ思フトコロハ骨ヲ真先トシテ之ヲ錬磨シテ、形ニアラハストキニハ精神錬磨モ出来、自ラ其人ノ性質ニ直ナ美シキトコロガアラハルルノデアリマス。」「弓モ今日ニテハ徳育体育ノ励トミナストキハ凶器【殺傷の道具】モ変ジテ真性ノ長器【重器《ちょうき》。貴重な宝物】ナリシ訳デアリマス。」

また、射技の要の離れについては、「離ハ会ノ中ヨリ離シテヤル事デアリマス」としながらも、「仏法ニ会者定離ト云フ事ガアリマス」と説明して、次のように述べている。

「離サウト云フ念慮ヲ決シテ忘ルル事ナキモ、其中ニ無念無想ニナリ、弓モ自分モ知ラズ離レルガ会者定離ニ叶フナリ。即チコチラカラ求メテハナシタノハ会者定離ニカナワナイ。」「思ヒナガラ忘ルルヲヨシトス。双方押手勝手充分満チ来レバ、自分モ知ラズ弓モ知ラズシテ離ルルガ全キ離ニテ会者定離ニ相違ナシ。」

このような利実の「会者定離」の教えによって、門人達は仏教に関心を持つようになったものと思われる。「自分モ知ラズ弓モ知ラズシテ」の離れとは、無心の離れである。無心とは、禅の修行をして悟りを開いた者の常住する境地でもある。

利実は大正六（一九一七）年一〇月に不慮の交通事故で亡くなるが、その後も門人達は、ますます弓による精神錬磨の道を追い求めた。そして、大平善蔵、長谷部慶助、阿波研造などの多くの利実の門人が、禅の修行に入って行ったのである。このようなことは、弓道史上、初めての出来事であった。

なお、『弓学講義』は、利実が第一高等学校弓術教授をしていた時に、一高弓術部員であった長谷部言人《ことんど》（一八八二―一九六九）【後に東北帝大教授。人類学者。ミクロネシア人や中国の北京《ペキン》原人を研究、東京帝大理学部に我が国初の人類学科を創設して東大教授、日本人類学会長などを歴任。東北大名誉教授】が、師の教えを直《じか》に筆記したものであるが、この書は広くは流通しなかったようである。【一方、利実が没して数年経った後の大正一二年に、根矢鹿児編集の「本多利実先生講述『弓道講義』」（傍点は筆者による）が、さらに昭和五年には、「本多利実先生講述『改訂 弓道講義』」が大日本弓道会から出版され、版を重ねて多くの人に読まれた。しかしこの書には、利実の会者定離の教えは書かれていない。尚この書は、根矢が組織した「大日本弓術会」が、利実から聞き書きをして明治四二年に作成した「弓術講義録」に基づいている。しかし、根矢が恣意的に加筆した文章が、特に改訂版では、処々に混入している。】

時代の風潮を反映して、学校体育教授要目でも「弓術」の名称が「弓道」に改められるのは、大正一五（一九二六）年のことである。

弓道は禅なり―阿波研造の修禅

石巻にある阿波家の墓には、大きい研造の墓石が立っている。その裏面に、女婿の田中威の撰した墓碑銘が刻まれており、研造の生涯の事蹟について、次のように書かれている。

「大正五（一九一六）年武徳会錬士、同六年、第二十一回武徳会演武大会ニ於テハ、抜群ノ成績トシテ、短刀一口《ひとふり》ヲ授与セラレ、次デ同七年、弓道教士ノ称号ヲ受ク。爾来《じらい》、愈々修業研鑽《けんさん》、或ハ名僧ノ門ヲ敲《たた》キ哲理ヲ極メ、又ハ参禅シテ悟道ニ徹ス。」

研造は自分の参禅については、何も語っていない。しかし、大正七（一九一八）年頃から、石巻と仙台の中間にある景勝の地松島にある臨済宗の古刹瑞巌寺の、松原盤龍《ばんりゅう》（一八四八―一九三五）の下に参禅したものと推定される。盤龍禅師の諱《いみな》は禅礎《ぜんそ》で、相国寺の荻野独園の印可を受けた。請われて瑞巌寺に移り、明治三九（一九〇六）年に住職となった。禅師の宗風《しゅうふう》は枯淡、朴訥、綿密と云われる。

盤龍禅師は北海道への布教の重要性を感じて尽力し、大正一二年には札幌に瑞龍寺が完成して開山となり、法嗣《はっす》【法を継いだ弟子】の三浦承天《じょうてん》が初代住職となった。瑞巌寺内に「専門道場」を造ったり、私財を当てて、（後に夏目漱石の『草枕』に出てくる寺として有名になる）仙台市茂庭の大梅寺の復興などを行ったりした。その間、京都の妙心寺の管長になるようにと何度か要請されたが断っている。普段はつぎはぎだらけの衣をまとい、粗衣、粗食で過ごした。生前から「聖僧」と称されたが、近郷の人々からは「盤龍さん」と呼ばれて慕われたと言う。

大正八年の二高同窓会の「尚志会《しょうし》」雑誌に、弓道部からの報告事項として、研造の指導により、道場では連日、「無知即心の射」が見られるようになったとの記事が載っている。「知を乗り越えて、心に即した射」と云うことであろうか。これは盤龍禅師から与えられた公案であったのかも知れない。研造は連日、無知即心の射を求めて励んだのである。

そして研造の残した幾つかの文章から推定されることは、大正九（一九二〇）年秋のある晩、研造が独りで弓を引き絞り、会に入って満を持していた時、矢が離れて飛び去る瞬間に、突如として自分が大自然と融け合って合体し、大爆発をしたような境地を体験をしたのであった。これは見性に比すべき根本体験であったのであろう。

研造はその後も禅の修行に励み続けた。そして大正一二（一九二三）年七月の尚志会誌には、弓道部からの、次のような報告が載っている。

「阿波師範の我等を指導せらるる感激措く能わざるものがある。師範曰く。我れ弓道を学ぶこと二十余年、徒に形に走りて其神を忘れつつあることを近年始めて自覚した。弓道は禅なりと気付かざりし為に、十年間無駄骨を折った。」

研造は「弓道は禅なり」と宣言し得る境地に到達したのである。

阿波研造（1935年頃、東北大学史料館蔵）

ヘリゲルの弓の修行

ヘリゲルが禅を学ぼうとして大正一五（一九二六）年に、赴任の土地であった仙台で、阿波研造の許に入門したのは、それから僅か三年後のことである。従って、それは時と場所に関して、偶然とも言えるほどの幸運であったと言えよう。当時、禅と弓道を結びつけて指導が出来た真正な師は、研造の他には、大正一五年に大阪の箕面に「梅路武禅道場」を開いた臨済宗居士で橘流弓術三三代目を嗣いだ梅路見鸞《けんらん》がいるのみであった。

第二の幸運は、通訳の役目を引き受けた小町谷操三が、ヘリゲルの仙台に来たのと時を同じくして、法学科教授として着任したことであった。小町谷は研造が二高の弓道師範になった当初の部員だった。従って弓道に詳しく、その上ドイツ語に堪能であった。

ヘリゲルの弓道修行は、『弓と禅』に詳しく述べられている通り、困難の連続であった。

先ず第一の難関は、腕のみならず全身の力を抜いて弓を引き分けることであった。これは一年ほどかかったが、腹式呼吸をすることで解決された。

引き分けを身につけるだけで、何故一年ほども長い時間がかかったのか?その一つの理由は、呼吸を整えて「身体の力を完全に抜いて引き分ける」ことの難しさであろう。もう一つの理由は、弓道の全くの初心者であったヘリゲルが、師の研造と同じ強さの「七分」の弓【弓力が三〇キロ付近（詳しくは巻末の「付録」参照）】を引き分けて保とうと努力したからである。師の研造は、自分の習得している弓道を少しの手抜きもせずに伝授しようとしており、ヘリゲルも真剣にそれを受け止めていたのである。（なお、ヘリゲルの用いた弓の強さについては、後の第Ⅱ篇で改めて述べる。）

次の難関は、矢を放そうと思わないでも、離れるようになることであった。師は心を無にして、ひたすら無心に弓を引く様に教えた。自分が弓を引くのでなく、「それ」が引くようになることを教えたのである。

しかし、ヘリゲルにとっては、自分の意思なくして射ることは至難なことであった。小細工をして破門されそうになりながらも、ヘリゲルはどうにかこれも克服して通り抜けた。

最後の難関は、的を狙うことなく射ることであった。師の研造は決して妥協せずに厳しく指導し、ヘリゲルは真剣に辛抱強くそれに従った。しかし、ヘリゲルにはどうしても、的のことも矢の行く先のことも考えずに、無心に射ることは出来なかったのである。

とうとうある日、たまりかねて師にそれを告げた。師は正に今が啐啄《そったく》の機、つまり弟子と師の心のはたらきを合わせることの出来るチャンスであることを見て取った。

師は直ちにその晩、ヘリゲルを道場に招き、無言のまま、灯りを消した暗闇の中で、一手を射て見せた。

ヘリゲルが矢取りに行くと、甲矢《はや》【第一矢】は的の中央に刺さり、乙矢《おとや》【第二矢】は甲矢の筈《はず》を砕いて、的の中央に並び刺さっていた。ヘリゲルは、その場にしゃがみ込み、しばらく動かなかったという。正に奇跡のような出来事を、目《ま》の当たりにしたのである。

この一射でヘリゲルはまるで生まれ変わったようになった。只管《ひたすら》無心に行射を続けた。次第に師の認める射が増えて行った。そして遂にヘリゲルは、自分の意思によって自分が射るのではなく、「それ」が射ることを体験したのである。

特に良い射が出た時に、師が尋ねた。

「『それ』が射、『それ』が中てるということが、何を意味しているのか、今やお分かりでしょうか？」

ヘリゲルは答えた。「弓を引き分けるのが私であるか、私を一杯に引き絞らせるのが弓であるのか、的に中てるのが私であるのか、的が私に中るのか。『それ』は身体の眼には精神的であり、精神の眼には身体的です。それは二つであるのか、どちらかであるのか。これら全て―弓と矢と私とは、相互に絡まりあっていて、もはや分けることが出来ません。分けようという要求すら失せました。というのも、私が弓を取って射るやいなや、すべてはあまりに明らかであり、はっきりとしており、おかしい程単純なことですから……」

理性によって主観と客観、自己と自然界をはっきりと区別していた哲学者のヘリゲルが、理性を突き抜けて自己と自然が一体となる境地を体験したのである。

『弓と禅』の内容について、師家の大森曹玄（一九〇四―一九九四）【後に花園大学学長。直新影流の剣道家】は、「禅と弓道」という文章の中で、「私は弓の技術のことは全く知らないが、専門の禅の立場から見て、阿波範士の指導ぶりやヘリゲル博士の体験はまことに立派だと思う」として、高く評価している（文献43）。

また、山田無文禅師（一九〇〇―一九八八）【祥福寺専門道場師家や花園大学学長、禅文化研究所所長、

妙心寺派管長などを歴任】も、『生活の中の般若心経』、『白隠禅師座禅和讃』、『心の眼を開く』および『不二の妙道』その他の法話集の著作の中で、『弓と禅』の内容を肯《うけが》って、度々紹介している（文献44）。

これらの師家の判定を基にすれば、ヘリゲルは三年数ヶ月間の修行の後に、正《ただ》しく禅の入り口に到達したと言って良いと思われる。また、弓道の修行が、真正な師の指導があれば、禅への入り口となることを実証したとも言えよう。

ヘリゲル夫妻は昭和四年六月に段位の審査を受け、それぞれ、五段と二段を授けられた。

ヘリゲルの射礼とスピーチ

その頃に、片平丁の構内にあった東北大学弓道場で行われた射会の様子を、元・弓道部員の武田行雄は、回想記の中に次のように述べている（文献45）

「（ヘリゲル）博士の入門は、私が入門した後、間もなくのことのようであるが、私は早朝組だったし、博士夫妻は午後に特別指導を受けておられたので、阿波道場で顔を合わせることは、何かの催しがある時以外は少なかった。

ただ、大学弓道場へは、石原謙、土居光知、小町谷教授等と、連れだってこられて、学生と交わって練習されたのであった。

昭和四年の春に、大学主催の射会が催されたときには、ヘリゲル博士が射礼をされた。このとき博士は、すでに阿波先生から、五段の許しを受けておられた。博士は洋服姿で、本座でカソリック教徒が、お祈りするときのようなぐあいに、右膝を床について左膝を立てて、的に向かって一礼され、射位に進むと、立射の方式で足踏みされた。跪坐《きざ》は苦手らしく、この独特の作法で行射されるのをたびたび見たものである。射は会が深く、射形も立派であった。博士の眼は鋭い方だったが、会にはいったとき、眼を半眼にして的に注いでおられる様子が印象に残っている。

射会が終わって、小町谷部長、阿波範士を囲んで、茶話会が別室で開かれた。

私も先輩として参加したが、道場仲間の、土井、石原、堀教授とともに、ヘリゲル博士も出席した。」

茶話会では、ヘリゲルを含めて、出席者銘々が短いスピーチをした。ヘリゲルは、小町谷に通訳を依頼して、自分の弓の修業のことを話した。その後半部は、次のようなものであった。

「私（ヘリゲル）も師範に教えられたとおりの技術、これは諸君も知っているとおりであるが、すなわち、押手の肘と、勝手の肘先で張合って、胸の中筋を中心にして、左右に割るということを実行しているつもりであるが、どうしても、うまい離れができなかった。

ところが、練習のある瞬間、ふと師範のいわれる、下腹部（丹田）の力で切る、ということに気づいて、これを実行に移して、初めて成功し師範のお誉めを頂いたのである。だんだんと練習を積むに従って、押手のことも、勝手のことも、全く考えることなしに、ただ丹田のことを考えるだけで、離れが成功するようになった。

師範のいう、『無発の発』とは、これだ、と私は悟った。

私は日本の禅に興味を抱いて、研究を続けているが、その禅でいう『悟り』もこれだと思う。苦しい努力を続け、修行を重ねてゆくうちに、瞬間的に、電光のように閃いてくるもの、それが『悟り』である」「私は、弓道の修行で、その『悟り』を体得したような気がする。私はこのことを、

ヘリゲルの射影（1929年頃、文献45）

日本の弓道と、阿波師範に感謝したい。

私は、近く日本を去らねばならないのを、残り惜しく思っている。弓道については、まだまだ、たくさんの勉強することが残っているので、私はドイツに帰ってからも、弓道の勉強は続ける考えである。また日本のこのすばらしい弓道を、ヨーロッパの人びとに、正確に紹介したいと思っている。」

ヘリゲルのこのスピーチに続けて、武田は次のように書いている。

「この日は、（ヘリゲル）博士の、大学弓道部へのお別れの集会のようになった。

若い学生はもちろん、列席の人たちは、みな感に打たれように、聞き入っていた。

阿波先生は、眼をしばたたかれながら立ち上がるや、ヘリゲル博士の手を握り、強く強く打ち振られたのであった。」

ヘリゲル夫妻に段位を授けた後、ドイツに帰国するまでの間は、師の研造は、今後の日常生活での修行の仕方、いわゆる動中の工夫について、注意を与えている。

ヘリゲルは、昭和四（一九二九）年八月に仙台を立って帰国した。その際、研造はヘリゲルに、日本刀一振と、「彼の最も良い弓」一張りを贈った。

「ヘリゲル氏帰独」と題して、東京大学の『哲学雑誌』は次のように報じた。

「東北大学に於て哲学教師として数年来本邦哲学界に多大の貢献をなしつつあったオイゲン・ヘ

リゲル氏は、今回エルランゲン大学哲学科正教授に就任のため帰国せられる事となった。」

第三章　帰国後のヘリゲル

ヘリゲルは帰国後の一九二九年に、「形而上学的形式」と題した、大きい規模の論文を発表し、ドイツ哲学界に復帰した。実際はこの論文は、帰国前に日本で書かれたものである。前に述べたように、ヘリゲルは在日中に三篇の論文を書いたが、ドイツ語で発表されたものはこれだけであった。昭和三（一九二八）年の暮れに、ヘリゲルはこれを草して、博士論文として東北大学に提出した。一九二〇年に改正された新しい「学位令」によって、学位授与権が各大学に委ねられるよう改正されていたのである。学位はドイツへ帰国後の昭和五（一九三〇）年三月三日に認可され、同月一二日に授与された。ヘリゲルは東北大学の第一号の文学博士となったのである。

当時の学位は、資格としてよりも、名誉の称号としての性格があった。ヘリゲルの論文は、一九二二年に新設されて間もない東北大学法文学部の、文学博士のレベルの高さを例示する役割も果たしたとも言えよう。

一九二九年に発表されたこの論文は、カントの形而上学に関するものであったが、ドイツでは同じ年に、ハイデガーによる、同じくカントの形而上学に関する論文も発表されたので話題を呼んだ。ヘリゲルの論文は、翌一九三〇年にテオドール・チェルムズ（文献46）や鬼頭栄一（文献47）によって論評が行われた。

チェルムズは次のように述べている。

「先ず昨年出版された二著が特に興味を引く。その第一は現象学者ハイデッガーの著、『カントと形而上学の問題』であり、第二はここに述べんとするヘリゲルの著である。」ヘリゲルの以前の著『原素材と原形式』は、「従来の主観客観の対立を、深い徹底的な「人格」と「物」との対立に還元することではないかどうか、更にまた人格の実在そのものではないにしても、少なくとも人格性の形式に自体実在《アンジッヒザイン》を、従て形而上学的な尊厳を附与しようとすることが成功しないであろうかという問題を彼に提供した。」

「『形而上学的形式』なる書は斯かる問題を解くことによって理解される。とはいえこの書は実在及び実在の構造の領域には直接触れないで（この問題は将来の著述に委ねられている）却って予備的に唯カントと一致することに依ってその領域に至る道を切開かんとする課題を提供しているに過ぎない。」

ヘリゲルのこの論文は、表題が「第一部」としてあり、それに続く「第二部」の後編を予告していたのである。それでチェルムズは次のように彼の論評を結んでいる。

「…我々は唯緊張した興味を以て後編の現れるのに期待をかけるのみである。この著述はカント哲学における永遠なるものに対する興味を新たに生かすためには実に適当しているといはねばならないであらう。」

しかしながら、期待された後編は、その後発表されることはなかった。

激動の祖国

カントは晩年の一七九五年に、『永遠平和のために』【『永久平和論』】を著し、その中で、世界の平和を保つために、「各国家における市民的体制は、共和制であるべきである」とし、また「国際法は自由な諸国家の連合の上に基礎をおくべきである」として、国家は共和制をとり、自由諸国家は連合すべきであると説いた（文献48）。まるで現在のEUを連想させるような構想である。

しかし、ヘリゲルが帰国した頃のドイツでは、次第にナチスの勢力が増大し、産業や経済も回復してきた。一九二〇年二月に制定されたナチスの「二五箇条綱領」には、強大な中央集権の要求が書かれている。そして一九三三年一月には、遂にナチスの独裁体制が確立された。イマヌエル・カントは、もはや、祖国の誇りとすべき偉大な哲学者ではなくなってしまったのである。

哲学界は、現象学や実存主義が台頭し、新カント学派のウィンデルバントやリッケルト、ラスクらの名前は、人々の関心の中心から次第に遠ざかって行った。

第二次世界大戦の終結まで、日本では三木清らが過酷な弾圧を受けたが、ナチス独裁政権下のドイツの哲学者達も、緊迫した不幸な時代を過ごした。名門としてハイデルベルク大学と並び称されていたフライブルク大学では、現象学を創唱したフッサールは、既に一九二八年に教授の職を辞任し、その地位をハイデガーに譲っていた。しかし、ユダヤ系の出身であったため、ナチス政権下では、教授職公認の名簿から外され、大学構内への立ち入りや著作の出版が禁止された上に、会議に出席する為の国内外の旅行も厳しく制限されたという（文献49）。ユダヤ人とその思想は、ドイツ民族にとって好ましくないものであり殲滅《せんめつ》されるべきものとされたのである。

ハイデガーは一九三三年にフライブルク大学の学長の職に就き、ナチスに入党した。翌年には、わずか一年でその職を辞任したが、師のフッサールを弾圧する体制側に立ったのである。一九二七年に公刊されたハイデガーの著作『存在と時間』は、「尊敬と友情をこめて」フッサールに捧げられたものであった。しかしその後、ハイデガーは現象学については口を閉ざし、また、予告されていた『存在と時間』の後半も、ついに出版されることがなかった。ハイデガーは学長辞任の後は、「いわば時代に背を向けて、ヘルダーリンやニィチェの研究に沈潜」したのだという（文献49）。

ヘリゲルは帰国後も弓の練習は怠らずに続けていた。そして一九三六年二月二五日に、ベルリンの日独協会で、「武士道的な弓道」という題で、自分が阿波研造の下で弓道の修練をした体験について講演を行った。（既に以前の章で触れたように、この講演原稿は、「弓術に就いて」と題されて、柴田治三郎によって直ちに日本語に翻訳されて、同年の九月に、東北帝国大学分科会編輯の雑誌『文化』に掲載され（文献13）、その後、改訳されて『日本の弓術』（文献14）という表題で出版されている。）

ヘリゲルは、自分の講演の内容を、師の阿波研造がどのように受け取ったかを心配して小町谷操三に問い合わせてきた。小町谷は、「一つも非難すべきところがない、日本の弓道がこのように立派に外国に紹介せられたことを非常に喜ぶ」と師は言っていることを伝えた。

ヘリゲルは再度小町谷の返事の確認をして、いずれは「もっと深い専門的な内容の書物を書くつもりでいる」ことを伝えてきた。このことは、それから一一年後に『弓と禅』の執筆によって実行されるのである。

但し、ここで注意しなければならないのは、阿波研造がヘリゲルに伝授した弓道は、「弓禅一味」【弓道と禅が同じ目的を持つこと】としての弓道であった。そしてそれは、研造自身が身を以て開拓したものであり、当時は梅路見鸞などの外には、真の賛同者は少なかったのである。また、研造は一般の日本人を指導する場合には、弓禅一味の段階より前に「習射」の段階を設けて、先ず射の技術を学ばせ、「肚を造る」事を目指させたのである。（詳しくは（文献39）を参照）

一九三七年にはヘリゲルはナチ党員となり、三八年にエアランゲン大学の副学長、四四年からは学長に就任して、大学管理の職務に励んだ。

国際情勢は激動の時期に入り、ドイツは一九三九年に第二次世界大戦に突入した。四〇年には、日本、ドイツ、イタリアの三国間の軍事同盟が結ばれた。そして四一年には日本も太平洋戦争に突入した。

この間、ヘリゲルは大学の運営に携わりながら、講義では主に日本文化や思想を論じた。『日本の民族及び文化生活の伝統』（一九四一年）や『サムライ（侍）のエートス【道徳的な習慣や行動の規範】』（一九四四年）という表題の論文が残されている（文献４）。また、一九四一年から三年間の、ヘリゲルの再来日の計画が作られて、エアランゲン大学当局の許可も得られていたが、戦争のために中止となった【「ヘリゲル小伝」（文献21）による】。

一九四五年五月にドイツが、四五年八月には日本が、それぞれ無条件降伏した。ヘリゲルは二度の世界大戦に協力参加して、二度とも痛烈な敗北を経験したのである。神秘思想へのヘリゲルの傾倒は、一層、深まったのではないだろうか。

敗戦後に行われたナチ党員としてのヘリゲルの断罪と弁明の顛末については、山田奨治教授の詳しい調査報告がある（文献24）。弁明書を提出したヘリゲルは、裁判の結果一九四八年に、「消極的な同調者」と裁定された。

『弓と禅』の出版

エアランゲン大学の教授に戻ったヘリゲルは、一九四八年に『弓と禅』を出版した。ヘリゲルが、鈴木大拙の『禅と日本文化』などの啓蒙書を通して、日本の禅を学んでいたことは、『弓と禅』の中にある記述から、明瞭に読み取ることができる。

『弓と禅』は数カ国語に翻訳されて、広く世界中で読まれた。特に一九五三年に出版された英語版には、鈴木大拙が序文を寄せたこともあって、それ以後、日本の禅の入門書的な役割を果たした。

【大拙の序文は、今ではドイツ語版にも付されるようになった。日本語訳は魚住孝至教授による『新訳 弓と禅』（文献3）に収められている。】

その後、『弓と禅』は、精神分析家で社会思想家のエーリッヒ・フロムのような学者から、アップル社を創業して会長となったスティーブ・ジョブスのような実業家に至るまでの、社会の広い階層の人々に読まれるようになったことは良く知られている。

『弓と禅』を出版したヘリゲルは、一九五一年に、ドイツ・アルプス随一の保養地であり風光明媚なガルミッシュ・パルテンキュルヒェンに隠棲した。この町は、バイエルン州の南端に位置し、一九三六年に冬季オリンピックの行われたウインタースポーツの地としても知られている。【ミュンヒェン生まれの作曲家で指揮者のリヒアルト・シュトラウスも、第二次大戦前にナチスの音楽局の総裁を務めたりしたので、敗戦後にナチスに協力したかどで裁判にかけられたが無罪となり、晩年をガルミッシュ・パルテンキュルヒェンで過ごして一九四九年にそこで亡くなった。】

一九五三年の一〇月にそこを訪れた稲富栄次郎によると、「それはごく、簡素なパンション・ハウスで、六畳位の二階の二室が博士夫妻の居間」であったという（文献1）。戦前の教授達は、数十人も参加するゼミナールが自宅で行えるような広い邸宅に住んでいた。学長まで務めた名誉教授のヘリゲルにとっては、正に隠棲と呼ぶに相応しい住まいである。

また、稲富によると、「聞けば博士は、（敗戦前の）エアランゲンでは、主として日本思想について講義し、教室はいつも大入り満員だったということである。」さらに「現在の博士の哲学的関心についてお尋ねすると、きっぱりと『それは日本の禅だ』と答えられた。そして『ついこの間、ニュウヨークから鈴木大拙博士が来られて、一日大いに談じたが愉快であった』と語られた」という。その時大拙は八三歳で、ヨーロッパの諸国を訪問した際に、ヘリゲルを訪ねたのであった。

この時、稲富はヘリゲルから署名の入った「『弓道における禅』の近著を贈られ、その書の日本語訳を申し出て快諾を得た。（しかし、『弓と禅』という邦題で、上田武との共訳書が出版されたのは、ヘリゲルの没後の翌年（一九五六年）三月であった。）

晩年のヘリゲル（文献 51）

一九五五年四月一八日に、ヘリゲルは肺癌のために七一歳の生涯を閉じた。

ちょうどその頃、小町谷操三はその年の一〇月に、マドリッドで行われる予定の国際会議に出席する機会に、ヘリゲル夫妻を訪問したい旨の航空便を出した。するとそれと行き違いのようにして、夫人からヘリゲルの訃報を受け取ったのである。二十数年ぶりの再会を待ち望んでいた小町谷は、非常に落胆したが、九月には、ガルミッシュ・パルテンキュルヒェンへの弔問を果たした。その時の様子を、「ヘリゲル君の墓に詣でて」と言う文章の中で、次のように記している（文献1）。

「ヘリゲル君の臨終の室には、いまもベッドや小机その他の調度品がそのままにしてあった。夫人はその隣室に起居しておられるのである。ヘリゲル君のエアランゲンの家は、米軍に突然接収され、その際に多数の財物を略奪されたのである。従って彼の臨終の室には、目ぼしい物が何もなかった。ちょうど戦災に遭った人の住まいのようであった。」

更にその上、ヘリゲルは「その死期の近いのを知るや、夫人の止めるのも聞かないで、彼の膨大な原稿を悉く《ことごと》焼却してしまった」という。

ヘリゲルの死後、辛うじて残された手稿を集めて、遺稿集『禅の道』（文献21）がヘリゲル夫人の協力を得てH・タウンゼントにより編纂された。その冒頭には次のような言葉が書かれている。

「それ自体としては言葉は思惟よりも乏しく、思惟は経験よりも乏しい。言葉は濾《こ》し水であり、そこには最良のものが失われている。プラトーン第七書簡『真剣なる事柄に携わる者は、物を書くべきでない』」

小町谷の弔問の文章は次のように続く。

「九月二十九日、ヘリゲル夫人の案内でお墓参りをした。初雪の翌朝、立派に舗装した道を、美しい並樹と青々した芝生とを見ながら、車は宿と反対の南の方向に去った。遠くの山や森は、昨夕降った初雪に旭光《きょっこう》を浴びて、キラキラ光り、実に美しかった。その東端にヘリゲル君の墓があった。褐色の大理石の、大きな平べったい墓石には、二行に、

EUGEN HERRIGEL
DR. PHILL. UNIVERSITAETSPROFESSOR

と刻んであり、夫人が上手に描いた梅の枝が、右上角から名前の少し上までたれかかっていた。墓石の前には、あたかも遺骸を被うように、一面、樅《もみ》の葉の毛氈《もうせん》がしいてあり、それに初雪が降りていた。」

後記

これまで見てきたように、哲学者ヘリゲルは、来日当時の我が国の学界に影響を与え、また教師としては、哲学者の三木清、歴史学者の羽仁五郎、哲学者で教育者の天野貞祐などの人材の育成にも役割を果たした。学術的な研究上においても、特に石原謙に対して、エックハルトや中世キリスト教史の研究の出発点を与えた。

本篇の結びとして、石原謙が自分の数編の研究論文を収録して纏めた『エックハルトの研究』の出版のために、「後記」と題して書き置いて、未定稿のまま残されていた文章を、既に前に述べた内容と多少の重複もあるが、ここにまた改めて引用することにする（文献20）。ヘリゲルが日本人

に与えた影響や印象、日本での業績について、あたかも総ての関係者の代表として、石原が自らの例を引きながら、代弁し要約して書いたもののように筆者には思われるのである。

「後記

エックハルトに関する数種の旧稿を再閲するに当たって私の念頭を往来して止まない姿は、私のハイデルベルク時代から仙台に連なる懐かしい十年近くの期間に亘って親しい交わりを結んだ旧友オイゲン・ヘリゲル博士の温容である。氏はヴィンデルバント及びリッケルトに師事してドイツ西南学派の伝統を継ぐ代表的な哲学者であったが、私がハイデルベルクに留学した頃、氏は戦場から帰還した後で戦争五年間の空白を満たすために脇目もふらない許りの熱心さを以て研究に専念してゐた。私はリッケルト教授の紹介によって氏と識り、ドイツの文学及び哲学の古典を、その指導を受けつつ読んだ。その後幸に氏を東北帝国大学外人教師に迎へることが出来て、一九二四年春に来朝されたが、私は氏を神戸の埠頭に迎へて仙台まで案内し、六月には私自身も仙台に転任して氏と同僚となり、一九二九年夏まで同じ大学に勤務した。その際私は氏から中高地ドイツ語の手ほどきを受け、数年に亘って毎週氏と共にエックハルトを丹念に読んだ。氏は思想的に神秘主義への傾向を有したのみでなく情緒にもドイツ神秘家に愛着を感じ、しかも西南ドイツ地方の生まれとして特に旧いアルマン語に母語としての親しみを覚え、このドイツ神秘家の文章と語句を愛誦して止まなかった。私が未熟ながらこの神秘主義に興味を感ずるに至ったのは、氏との交りの影響によるとこ

（石原謙）

ろ少くないことを告白せざるを得ない。

今ここに収録する数篇の論稿は、私が同氏の説明をききながら綴った覚え書きを材料として、その後渉猟して集めた資料を加へて、主として語学的文献的な解説を試みたものに過ぎない。私は氏の母国哲学と思想とに対する静かなしかし情熱に充てる理解を思ひ起し、今なほエルランゲンに戦後の悲愁な生活に堪えつつある同博士夫妻を偲ぶことの切なるもののある次第である。」

なお、この文章は、ちょうどヘリゲルの『弓と禅』がドイツで出版された頃に書かれたものと推定される。従って現時点からすれば、文章の最後の「今なほエルランゲンに戦後の悲惨な生活に堪えつつある」という一文は、「今はガルミッシュ・パルテンキルヒェンの丘に静かに眠る」と置き換えなければならない。

第Ⅱ篇　ヘリゲルの弓の帰還

――『弓と禅』の反響

第一章　『弓と禅』の影響

1．ヨーロッパへの弓道の普及

阿波研造は昭和二（一九二七）年に、「大射道教」団を結成したが、その基本理念の一つは、「弓禅一味」、つまり弓道と禅が同じ目的を持つということであった。教団は、東北地方を中心にして、盛んに活動を行っていた。昭和一四（一九三九）年に研造が死去すると、神永政吉がそれを継いだ【（文献39）参照】。

しかし、その後間もなく昭和一六年には太平洋戦争が始まり、昭和二〇年に敗戦となり、それに続いて戦後は、占領軍により武道が禁止されるという激動と混乱の時期が続いた。昭和二四（一九四九）年に、日本弓道連盟の結成が認可されると、神永は指導的なメンバーとしてそれに加わり、大射道教団はそれに吸収される形で終熄した。

明治維新から現在まで、我が国の弓道界では、極めて多面的な活動が行われている。武術の名残を残した的中を競い合うスポーツとしての弓道から、的中それ自体の快感を楽しむ趣味としての弓道、或いは心身を鍛えることを目的として生涯をかけて真剣に修業する弓道など、極めて広範囲に亘る、多面的な目的のために行われている。

一方、オイゲン・ヘリゲルの著した『弓と禅』に描かれている弓道は、日本古来の弓術でもなく、当時日本で行われていた弓道とも異なった面を持っていた。『弓と禅』の内容は、仙台の阿波研造や、大阪箕面の梅路見鸞の目指していた、弓道の新しい可能性、新しい一つの段階を開拓したものであった。【研造は彼の講演録「大射道」の中で、的中を主とする弓道を「第一段階」にあるものとし、徳を修める弓道を「第二段階」、自らが開拓した弓禅一味の弓道を「第三段階」と分類している。（文献39）】

しかし、日本の弓道の海外への紹介は、『弓と禅』の出版以前には、殆ど行われていなかった。従って、この書を読んだ欧米の人々が、そこに述べられているものが、そのまま日本の弓道の総てであると思ったとしても、無理からぬことであった。多くの欧米の人々が、日本の弓道は禅に繋がって行く道であると受け取ったのである。

一方、我が国の弓道界でも、『弓と禅』が世界的に読まれるようになると、一九六〇年代において、次第にヘリゲルの弓の修業についての関心が高まって行った。全日本弓道連盟の機関誌である『弓道』に現れた記事からも、その状況が見て取れる。

先ず、昭和四〇（一九六五）年の六月から八月にかけて三回連続で、「阿波研造範士とその弟子オイゲン・ヘリゲル博士の事を小町谷博士に聞く」と云う題で、小町谷操三、安沢平次郎、武田行雄の三名の座談会の記事を載せた（文献50）。

小町谷は、研造が旧制二高の弓道部の師範に就任した時の、最初の弓道部員であった。仙台に赴任してきたヘリゲルに、研造から弓を習うことを斡旋して、その後も終始、通訳の役目を果たした。

武田は、東北大の学生の時に弓道部員となり、それ以後一一年間、研造に師事した。武田はヘリゲルが行射する様子などを、実際に見聞していた。

安沢（範士十段）は二七歳の時に研造に入門して以来、最も厳しく鍛えられ、講習会の折などには公衆の面前で巻き藁矢で叩かれるなどして、徹底的に研造の教えを受けた。また安沢は、師の研造と同様に、弓道指南だけを職業とした弓道家であった。

安沢は、研造の後任として旧制山形高校の弓道師範をしていたので、距離的に近い仙台市の、研造の道場に出てくる機会が多かった。また、研造も安沢にはヘリゲルのことについて、色々と気軽に話をしたので、安沢は弟弟子《おとうと》に当たるヘリゲル夫妻の修業の様子を良く知っていた。

この時の座談会での発言からは、小町谷は、ヘリゲルが習おうとしていたのは、弓術そのものではなく、弓を通しての「禅」であったことを、あまり深くは認識していなかったかのように見受けられる。また、武田と小町谷は、ヘリゲルが剛弓を引いていたことに言及しているが、これについては後で詳しく述べることにする。

次に、昭和四一（一九六六）年には、小沼英治教士が一ヶ月間ほどヨーロッパを回って来て、その時の事が「ヨーロッパにおける日本弓道の評価」という村上久範士との対談記事となって、三回に亘り、翌年の『弓道』誌に掲載された（文献51）。

この中で、英独仏に於いて、『弓と禅』を読んだ多くの人々が、日本の弓道に関心を持ってきていることが報じられた。その折、小沼はガルミッシュ・パルテンキュルヒエンにヘリゲル夫人を訪問して、ヘリゲルの墓に詣でたのであった。

ヘリゲルの兄弟子《あに》の安沢平次郎は、かねてからヘリゲルの墓参をしたいとの強い希望を持っていたが、昭和四四（一九六九）年九月に、突然に渡欧の計画を実行に移した。既に癌に冒されていた安沢は、自分の余命が幾ばくも無くなったことを自覚したのであろう。その時同行したのは、小沼英治（教士八段）、北島芳雄（教士六段）、須原一夫（錬士五段）であった。安沢の計画が急であったため、小沼らは、訪問先の外交関係の機関やヘリゲル夫人への連絡などを、知り合いの代議士達に依頼して、直に外務省と現地の大使館を通して行ったほどであった。

一行の中の須原は、道号を耕雲といい、鎌倉円覚寺の僧侶であった。耕雲は、ある時京都の大会で初めて安沢の演武を見た折、その夜は目が冴えて眠れなくなり、「よしこのお方を師と仰ごう」と決心して、それ以来、安沢に師事していたのだという。

ヘリゲルの墓参のことを耳にした耕雲が、恐る恐る安沢に同行のことを尋ねると、安沢は、「あなたが来てくれたら鬼に金棒だがなあ」と答えたという。安沢は、ヘリゲルの墓参には、禅僧の同行が望ましいことと思っていたのである。

一行四名は、先ずガルミッシュ・パルテンキュルヒエンに行き、九月五日にヘリゲルの墓参をして、日本から持参した菊の花を供え線香を上げ、須原耕雲が袈裟を着けて般若心経の読経をした。それからパリに一週間、デュッセルドルフ、ロンドン、ハンブルクを回って帰国した。

一行の旅行記録は、「安沢範士一行訪欧帰朝談　日本弓道の旗風欧州になびき世界弓道を示唆」と題されて、一九六九年の十月から二回、『弓道』誌に連載された（文献52）。その中で、安沢は次のように述べている。

「実は十年前からオイゲン・ヘリゲル先生の墓参を果たしたいと思っていましたし、またヨーロッパには深い禅的な弓があるということを承知しておりまして、親しくこれを見聞したいという願いを持っておりました。」

安沢は、ヘリゲルが阿波研造から何を学び、何をヨーロッパの人々に伝えたかを、良く理解していたのである。

安沢は訪問先の各地で熱弁をふるい、師の阿波研造から受け継いだ「大いなる射の道」についての講演をし、紋服に威儀を正しての礼射を行った。研造によって鍛え抜かれた安沢の入神の演武は、初めて見る本物の弓道として、見る人に深い感銘を与えたのであった。安沢の射は、ヘリゲルの『弓と禅』を通して日本の弓道を理解していた当時のヨーロッパの弓道愛好家達の期待を、少しも裏切らないものだったのである。

この訪欧がきっかけとなって、当時既に各地に相当数散在していた弓道愛好の人々の間に、ヨーロッパに於いても弓道連盟の結成をしたいという機運が高まった。

訪欧の五ヶ月後の昭和四五年二月十八日に、安沢は胃癌のため亡くなった。

そしてその二年後の、安沢の三回忌に当たる昭和四七（一九七二）年二月十八日に、ロンドンで、英独仏とスウェーデンの四カ国が加入して「ヨーロッパ弓道連盟」が発足した。この時、小沼英治が全日本弓道連盟の会長メッセージを携えてその発会式に参加した。

安沢の、文字通りの命を懸けての渡欧に促されて、後に世界弓道連盟へと成長して行く最初の小さな芽が生じたのである。

2.『弓と禅』の日本への反響

フランスの山荘で

この三回忌の折り、北島芳雄と須原耕雲は、フランスの中央高地南東部のアルデッシュ県にある、フィリップ・ドロンと言う人の山荘で行われた寒稽古に招待された。質素で寒い山荘の一階は弓道場で、二階は畳敷の座禅の道場になっていた。参加人員はヨーロッパ弓道連盟の二十三名で、朝四時に起きて座禅をして巻藁稽古、七時に玄米粥と野菜煮を食べて弓の稽古をし、夜は八時から九時まで座禅をするのである。

その時のことを、耕雲は次のように書いている（文献53）。

「ある夜道場主夫妻に、『あなたはどうして、こんな道場を此処に建てたのですか』とたずねました。

『私は日本に三年滞在して、禅、弓道、茶道、華道、盆景を学びました。ある時、弓道大会で立派な射を見学できました。どなたかと聞いたら安沢範士だと教えられました。

その時、帰国したら弓道を中心に日本文化を学ぶ道場を建てようと計画した』と静かに話してくれました。思わず手を握りました。

安沢範士の射相を慕う禅坊主が、三回忌に、同じく範士の射相に感じて建ったヨーロッパの道場に招かれ、共に座禅と弓の稽古をする―何という射相の導きでありましょう。

部屋で範士の写真に『先生以て瞑すべし』と報告しました。そして北島先生に『ヨーロッパにこうして座禅をして弓を引く道場がある。本家本元の日本に無いのは恥だ。帰ったら円覚寺の中に弓道場を建てたいと決心しました。その時は片ハダ脱いでください』と頼みましたら、『承知しました。両ハダ脱ぎましょう』と、寒い夜でしたが、身が温くなりました。」

研造とヘリゲルの弓道が、ヨーロッパで反響して、日本に戻って来ようとしていた。この時以来、円覚寺の境内に弓道場を建設するために、耕雲と北島の懸命の努力が始まったのである。

第二章　ヘリゲルの弓

1．ヘリゲルの弓の帰還

アルデッシュでの寒稽古の帰途、北島と耕雲は、雪に埋もれたガルミッシュ・パルテンキュルヒエンのヘリゲルの墓に、二度目のお参りをした。その折りに、阿波研造がヘリゲル帰国の際に贈った弓が、ヘリゲルの門弟のロートガンゲル牧師から、北島らに託された。その黒い塗り弓は、駐留軍に接収されていたヘリゲルの家に残されていたもので、夫人の努力によって返還されたものであった。

この弓は、安沢の亡き後に北島に受け継がれていた国立《くにたち》の射徳亭道場にしばらく安置された。その後、阿波研造の菩提寺である石巻の称法寺で墓前に供えられ、研造、ヘリゲルおよび安沢の追善供養が、北島、耕雲、および地元の門人達が列席して営まれた（文献54）。

円覚寺境内の弓道場の建設は、宮大工の経歴を持つ北島に一任されたが、寺側が準備できたのは、所用費の三分の一にも満たなかった。北島は、道場が完成したらそこにこの弓を安置しようと決心して、たとえ家産を傾けてもとの覚悟を決めて、工事に当たったという。ヘリゲル夫人からも、道場を弓の安置場所にすることについての賛意と感謝の手紙が届けられた。

四年に及ぶ北島らの献身的な努力の結果、弓道場の「閻魔堂《えんま》」が完成され、落成法要と共に、弓がそこに安置された。

その二年後、ヨーロッパ弓道連盟の講習と審査の会に出席した北島は、審査員の一人としてフランスとドイツを回った。その時、ヘリゲル門下で今は故人となっていたロートガンゲル牧師の所有になり、ヘリゲルも用いたと言われる黒い塗り弓を、その遺志として託された。そしてこの弓も、閻魔道場に安置されることになった（文献54）。このようにして、今では二張りの弓が、道場の脇正面上部に懸けられている。

ところで、これらの弓はどの位の弓力であろうか？古い弓なので、直接、弦を掛けて引き絞ったら破損する恐れがある。奉納されている弓の写真を拡大して、その画面から弓弝の厚さを推測してみると、研造の贈った強い方の弓は七分ほどである。しかし、写真からの推量では間接的なので、筆者も円覚寺に赴き、神奈川県弓道連盟会長の長谷川欣一範士にお願いして、弓にノギスを当てて、直接に計測をして戴いた。

弓弝には握り革が巻いてあるので、その直上と直下を測って平均値をとった。その結果は、二張りの弓の厚さは、二二・五〇と二〇・六五ミリであった。強い方の弓では、漆の下には糸は巻いてないようである。漆の厚さは無視して、計測したままの値を弓の分と近似すると、それぞれ七分四厘と六分八厘とになる。

これらの弓の弓力をキログラムで表すと、どのような値であろうか？

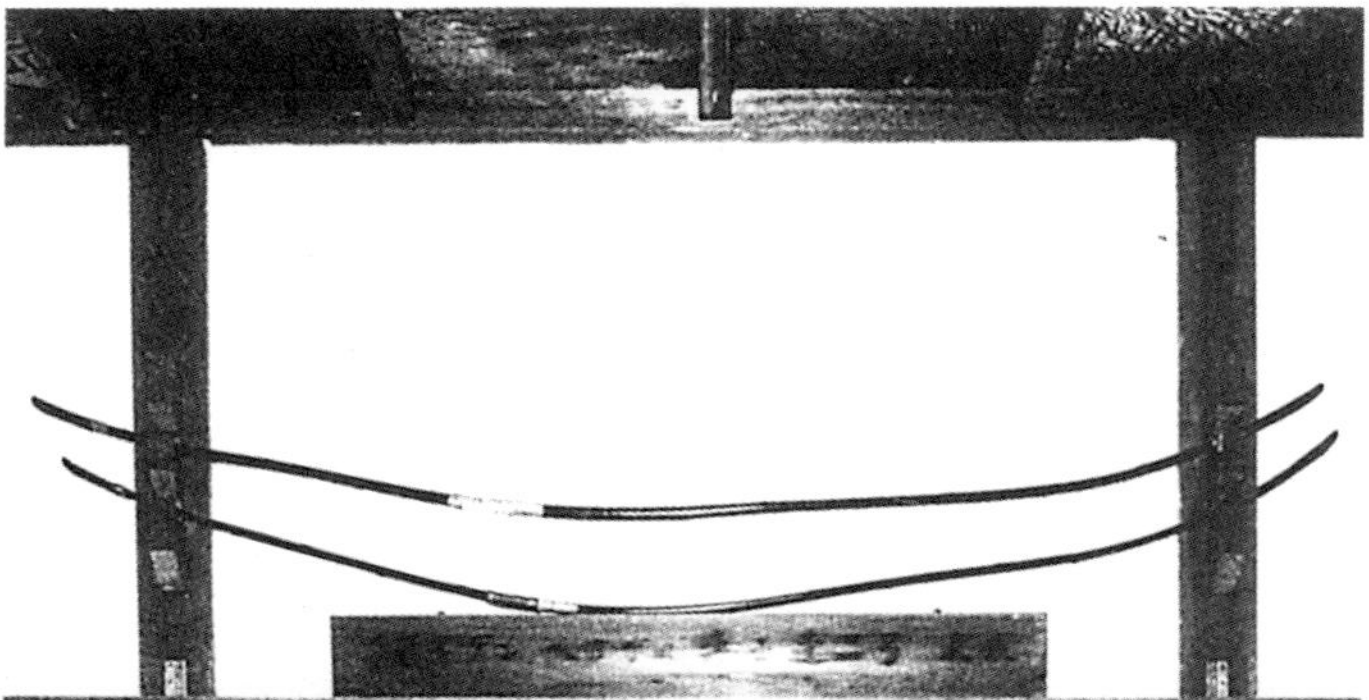

円覚寺閻魔堂に奉納のヘリゲルの弓（上は７分４厘、下は６分８厘）

2. ヘリゲルの弓の強さ

江戸時代から昭和の中頃までは、弓力は弓弝での前後の厚さの「分《ぶ》」や「寸」で表していた。「五分八厘の弓」とか「七分の弓」と呼ばれていたものは、握りの厚さが五分八厘（一・七六センチ）や七分（二・一センチ）ほどの弓のことである。

しかし、従来、弓の分と弓力の関係を定めた一般的な規定は知られていなかった。それ故、ある「弓の分」が、どれほどの張力に相当するのか、曖昧であった。

ところが、伝統流派の伝書を調べてみると、分と弓力の対応を定義して弓を製作していた記述があることを、最近、筆者は知った。更にそれを解析してみると、「弓の分《ぶ》」と張力の関係が、特定の数式に従って定義されていることが判ったのである（文献55）。その解析の方法は、単なる数学的な手続きなので、詳細は巻末の「付録」の1節に纏めて示すことにする。

また、江戸時代には通し矢用の弓の強さは、「引《ひき》」または「ひけ」、つまり弦に一定重量の重さを掛けて時の引き分けの大きさで弓力を表していた。その「引」と「弓の分」の対応関係と、その考察についても「付録」の2節に纏めて示してある。

「付録」の1および2節に述べられている算定の結果から、閻魔堂に奉納してあるヘリゲルの七分四厘の弓の強さは三二キログラム付近であることが推定される。これは剛弓の部類に属する。また六分八厘の弓も、少し判定の精度が落ちるが、二八キログラム程度と推定され、かなりの剛弓である。

ヘリゲルは、『弓と禅』の中に、弓を習い始めた時に、腕ばかりでなく、足の筋肉も含めて、「身体の力を完全に抜いて弓を引き分け、発射まで弓を引き絞っていること」を目指したと述べている。その時ヘリゲルが引こうとしていた弓は、師の研造と同じ強さの剛弓であったのである。そして、『弓と禅』の記述によれば、「時が経つにつれ、私自身が師の強い弓を力を抜いたまま引き分けることが出来るようになった」のであった。

それ以後ヘリゲルは、師の阿波研造と同じくらいの強い弓を引いていたのである。それ故、ドイツ帰国に際しては、師の研造は、自分が使っていたものの中から、「最も良い弓」を選んでヘリゲルに贈ることが出来たのであった。

昭和四〇年に『弓道』誌に掲載された座談会、「阿波研造範士とその弟子オイゲン・ヘリゲル博士の事を小町谷博士に聞く」（文献50）の中で、武田行雄はヘリゲルの弓を評して「射形も良くてね、弓も強よう御座いましたね」というと、小町谷操三がそれを引き取って「剛弓を引いていた。からだがいいから。寸伸びのね。弦も二匁五分くらい」と言っている。

二匁五分ほどの太い麻弦を必要とする強い弓は、現在では使う人は希であろう。仙台市で江戸時代から続いている老舗弓具店の、先代の店主夫人に尋ねても、二匁五分の弦は、「私が嫁に来てから、売ったことがない」とのことである。

オイゲン・ヘリゲルは、今ではほとんど引く人がいないような剛弓を引いた哲学者であった。

付録

「弓の分《ぶ》」による弓力の表示

1.「弓の分」の定義

現在の標準的な弓の長さは、「並弓《なみ》」が二二一センチ（七寸二分）で、それより二寸（六）センチ）長い「伸び弓」が二二七センチである。更に「四寸伸び」では、二三三センチである。

現在では、弓力【弓の強さ】は、弓弝《きゅうは》【弓の握り】の内側から測って、並弓では矢を八五センチ、伸び弓では九〇センチ引き開いた時に、矢の方向に働く張力をキログラムで表している。

往時は専ら竹弓が使われており、その表面の前と後ろには、外竹《とだけ》と内竹《うちだけ》と呼ばれる竹が張られ、内部には三本から五本の「ひご」と呼ばれる竹が挟まれ、それを両側から側木《そばき》で挟んで接着剤で接合してあった。接合剤は、現在では主に合成のものが使われるが、以前は、もっぱら「にべ」と呼ばれる膠【鹿の首の生皮から造られる】が用いられた。にべは優秀な接着材であるが、湿気に弱いという欠点があるので、防湿のため表面に漆を塗った「塗り弓」も用いられた。

弓はこのように複雑な構造なので、弓把の厚さと弓力の関係は、製作法によって大幅に変えることができる。それ故に、弓弝の厚さ、つまり「弓の分」と、それに対応する弓力の数値との関係を、実用の便宜上、「定義」によって定めていたのである。

元禄九年（一六九六）に書かれた日置流雪荷派の伝書『射義注解』（文献56）には、弓力について次のような定義が記されている（カッコ「　」内が引用文で、カギ括弧【　】内は筆者の注である）。

「弓の分ばかりにては究めがたし。太弱《ふとよわ》あり、細強《ほそづよ》あり、木竹の堅軟《けんなん》ひごの入やうにて、強弱格別替わるべし。弓力をはかる法　射家に種々の教あり。当流にては弓を下に置、弦を上へなして、両足にて弣《ゆづか》を踏へ、二尺七寸五分【八三・三センチ】の矢束を彎《ひい》て、何貫目ある時は何分の弓力と定知る也。定法一々左に記す。

三貫目【一一・三キロ】は　四分の力
三貫八百目【一四・三キロ】は　五分の力
五貫二百目【一九・五キロ】は　六分の力
七貫四百目【二七・八キロ】は　七分の力
拾貫二百目【三八・三キロ】は　八分の力
拾三貫五百目【五〇・六キロ】は　九分の力
拾八貫目【六七・五キロ】は　壱寸の力
弐拾三貫目【八六・三キロ】は　壱寸壱分の力
三拾貫目【一一三キロ】は　壱寸二分の力　」

矢尺を八三・三センチではなく、現在の並弓の場合と同じく八五センチにとると、弓力はここに示された数値より、二%ほど増加する。(ただし、ここに示された「弓の分」と弓力の数値の対応は、弓の長さとは無関係に定義されたものと解釈してもよいと思われる。)

この定義の表では、隣り合う分の弓力は、一定の割合で増加している事が分かる。つまり、四分の弓力に対する五分の弓力は三〇%程大きく、五分に力に対して六分の力も三〇%程大きく、六分に対して七分の弓力も三〇%増加する…と言うように定義してある。

即ち、弓の分をDとし、Dの分の弓力をF(D)と書くと、次のような関係が読み取れる。

$$\frac{F(5)}{F(4)} = \frac{F(6)}{F(5)} = \cdots = \frac{F(12)}{F(11)} = \frac{F(D+1)}{F(D)} = \text{一定値} = 1+\alpha \qquad \cdots\cdots(1)$$

ここでαは、弓の分が一分だけ増す度に、弓力の増加する割合である。

この事から、弓力F(D)が次のように定義されていることが推測される。

$$F(D)=b\cdot(1+\alpha)^D \qquad \cdots\cdots(2)$$

ここでbは定数である。【注　これは元金をb、利率αとして、複利計算をする場合のD年後の預金高の計算式に同じものであり、その数値は容易に計算できる。】

この式を、見やすい形に書き換えて見よう。元禄時代の我が国では、まだ「対数」は使われていなかったが、（2）式の両辺をbで割り、自然対数をとり、定数1/log(1+α)をaと置き換えると、次のようになる。

$$D=a\cdot\log(F(D)/b) \quad \cdots\cdots(3)$$

（3）式が実際の定義に合っているかどうかを、図に描いて確かめてみる。横軸に弓の分をとり、縦軸を対数目盛にして『射義注解』で定義された弓力を黒丸の点でプロットすると、図に示したようになり、定義された点は良く一直線上に乗っている。つまり、弓の分Dは、（3）式のように弓力F(D)の対数に比例して増加、減少するものとして定義されている事が解った。【注　（3）式は、ある刺激に対する人の感覚の強さを表すウェーバー・フェヒナーの法則と同じ形をしているが、それについての議論は（文献55）を

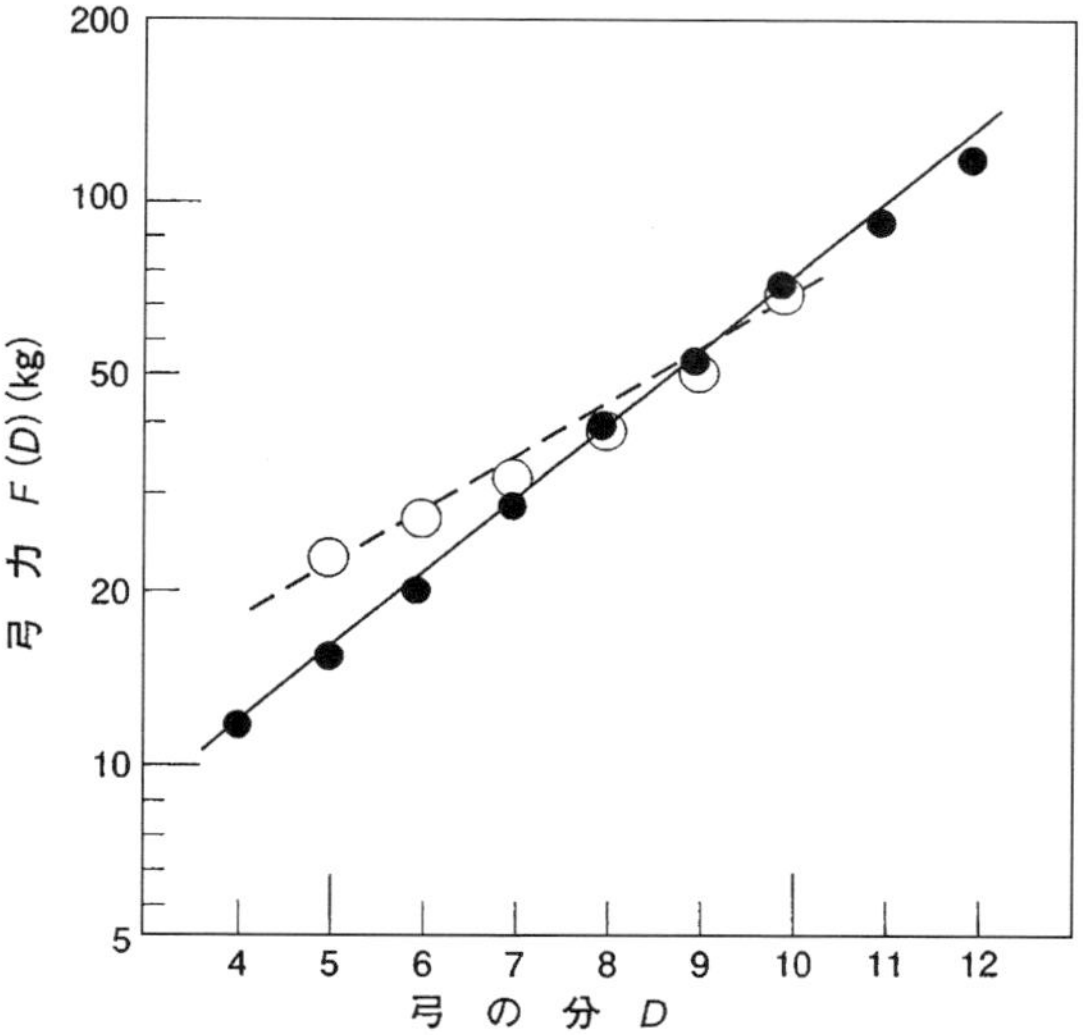

黒丸は『射義注解』で定義された弓力を表す。直線本文中の（3）式に従って、定数a、bを黒点に合うように定めて引いたものである。白丸は『弓道辞典』の定義から近似的に求めた弓力で、ダッシュの細線は（3）式に従い、白丸に合わせて定数a、bを定めて引いた直線である。

参照】

図中の直線は、黒丸と一致するように、ａを三・四〇（分）、ｂを三・五五キログラムとして引いたものである。これから、exp(1/a)=1+α の関係式により、分を一分増加する時の弓力の増加率αが〇・三三四と求められる。つまりある分の弓から、次の分に変わるためには、その時の弓力から三三・四％の増加が必要と定義されていたのである。

このように定められた定数α（またはａ）とｂを用いて、（２）式または（３）式を使って、「弓の分」Ｄから弓力Ｆ（Ｄ）の値が求まる。即ち、閻魔堂に納められている七分四厘および六分八厘の弓力は、それぞれ三〇および二五キログラムである。

2.「引」による弓力の表示

弓の「分」は的弓《まとゆみ》の強さを表すのに用いられた。「分」と弓力の対応は、定義で定められていたが、定義の仕方には任意性があり、定まった基準がないので不便であった。特に一昼夜に一万本以上の矢を射る「通し矢」の場合には、弓力を客観的な方法で定義して、正確に知っておく必要があった。

そこで、江戸時代には、指矢弓《さしや》【通し矢に用いる弓】の強さを表す場合には、弓の弦に錘を掛けた時の「引《ひき》」（または「ひけ」とも云う）による弓力の定義が行われた。

昭和一七年発刊の、道鎮實著『弓道辞典』（文献57）には、「弓の力を計る事」として、次のような「分」と「引」の対応の記述がある。（昭和四一年発行の春原平八郎著『現代弓道小事典』（文献58）にもこの定義が引用されている。）但し、これが元は如何なる流派の伝書に記載されていたものかは明らかでない。

「弓を張った時、握上部辺と弦との幅を張《は》（または弝）と云ふ。その張を五寸一分【一五・五センチ】として握《にぎり》（弣《ゆづか》）を桁などに釣って弦の中関【中仕掛け】に四貫五百目の錘《おもり》をかけて見て張の外に一寸九分ひけるを一寸の弓、即ち寸弓と云ひ、四寸六分を引けるを九分。七寸四分引けるを八分。一尺引けるを七分。一尺二寸七分引けるを六分。一尺五寸四分引けるを五分の弓と云ふ。」

つまり四貫五百目【一六・九キロ】の力で、弝の高さの五寸一分に一寸九分を加えた七寸【二一・二センチ】の矢尺が引き分けられるのが一寸【一〇分】の弓で、五寸一分に七寸四分を足した一尺二寸五分【三七・九センチ】引き分けられるのが八分の弓、一尺五寸四分を足した二尺五分【六二・一センチ】引き分けられるのが五分の弓である。

ただし、用いる錘の重さが、伝書によって少しずつ異なり、『竹林指矢前秘伝之書』（文政三年八月刊）や『日本流神明射義』（森川香山の述作）では重りは四貫三百匁【一六・一キロ】である。また、『弓学講義』（本多利実講述、文献41）では四貫八百匁【十八キロ】としてある。これら三篇の文献の平均値は、弓道辞典に書かれた四貫五百匁の値に近いので、ここでは、錘はその値を採用することにする。

錘を掛けた時の引き分けの量が一尺五寸五分の弓は、一尺を省いて、「五寸五分の弓」と呼ばれた。一尺まで引けない弓を「無引《むびき》」と呼んだが、そのように強い弓は通し矢には必要ないので使わなかった。しかし堂を通すには、最低「六寸」の弓が必要とされ（文献41）、その弓力は、後述の外挿法によれば、二九キロほどである。

この『弓道辞典』の定義からは、実際の矢尺を引き分けた時の弓力は正確には解らない。何故なら、矢尺には弝の高さ（五寸一分）も含まれるが、その矢尺では矢の方向の張力はゼロであり、矢尺がそこからわずか一、二センチでも増すと張力は急激に増加して行き、ある程度大きい矢尺になって初めて、張力が矢尺に正比例する領域になるからである。

しかし今ここで、矢尺と張力が常に正比例するものと近似することとする。そして、定義された両者の比が、そのまま矢尺の長い領域へと外挿しても成り立つと仮定して、前項の『射義注解』と合わせるために、矢尺を二尺七寸五分（八三・三センチ）まで延長した場合の弓力を計算する。例えば「五分」の弓は、一六・九キロの重りでの「引」は六二・一センチであるから、八三・三センチまで引き分けるには、(16.9/62.1) × 83.3=22.6(キロ) と云うように近似計算すると、次の表に示すような分と弓力の関係が得られる。

比較のために、三段目のカギ括弧〔 〕の中に『射義注解』の弓力も記しておく。

		『射義注解』の弓力
五分	二二・六キロ	（一四・三キロ）
六分	二六・一キロ	（一九・五キロ）
七分	三〇・七キロ	（二七・八キロ）
八分	三七・四キロ	（三八・三キロ）
九分	四七・八キロ	（五〇・六キロ）
一寸	六六・三キロ	（六七・五キロ）

この様にして近似的に求められた弓力が、図中に白丸で描いてある。

白丸は弓の分が五と六分では『射義注解』で定義された黒丸のものより少し大きい値になっているが、七分から一寸の領域ではほぼ一致している。この領域では、「弓の分」の弓力が、図に示された程の値であったことの確認となると思われる。ただし、五分から六分の弱い弓の場合は、1節と2節の二つの方法から得られる弓力の値には、かなりの相違がある。

図中のダッシュの細線は、（3）式で定数aを四・五（分）、bを六・八キロとして描いた直線である。この場合の増加率αは約二五％である。

この2節の結果からは、閻魔堂の七分四厘と六分八厘の弓に弓力は、それぞれ三四および三一キログラムと求められる。

1および2節の結果を平均して纏めると、七分四厘の弓は約三二キロ、六分八厘方は二八キロ付近と推定される。

参考文献

（1）オイゲン・ヘリゲル著　稲富栄次郎 上田武訳　『弓と禅』（福村出版　一九八〇年一〇月）
（2）オイゲン・ヘリゲル著　藤原美子訳『無我と無私』（ランダムハウス講談社　二〇〇六年一一月）
（3）オイゲン・ヘリゲル著　魚住孝至訳『新訳　弓と禅』（角川　平成二七（二〇一六）年一二月）
（4）ニールス・グュルベルク著「日本に於けるオイゲン・ヘリゲルの哲学者としての活躍（その一）、（その二）」（早稲田大学ドイツ語学・文学会編『ワセダ・ブレッター』第四号一九九七年三月、弟五号　一九九八年三月）
（5）ニールス・グュルベルク著「対象の論理から場所の論理へ　―エミール・ラスクと西田幾多郎」（河波昌編『場所論の種々相』　北樹出版　一九九七年七月）
（6）ニールス・グュルベルク著「日本におけるラスク哲学の受容の中での田辺元の位置」（法学部『人文論集』三六号　早稲田大学法学会　一九九八年二月）
（7）北昤吉著　『哲学行脚』（新潮社　大正一五（一九二六）年五月）
（8）『天野貞祐全集』第一巻「ハイデルベルクの思い出」（栗田出版会　昭和四六（一九七六）年三月）
（9）『三木清著作集』第二巻　巻頭写真　（岩波書店　昭和二四（一九四九）年七月）
（10）『三木清全集』第一巻「読書遍歴」（岩波書店　一九六六年一〇月）
（11）石原謙著　『学究生活の思い出』（石原謙博士文集刊行会　昭和三四（一九五九）年一一月）
（12）『九鬼周造全集』別巻「九鬼周造年譜」（岩波書店　一九八二年三月）
（13）オイゲン・ヘリゲル述　柴田治三郎訳「弓術に就いて」（『文化』第三巻　岩波書店　昭和一一（一九三六）年」九月）

(14) オイゲン・ヘリゲル述　柴田治三郎訳『日本の弓術』(岩波書店　昭和一六(一九四一)年三月および一九八二年一〇月)
(15)『三木清全集』第一九巻　書簡　(岩波書店　一九六八年五月)
(16)『西田幾多郎全集』第一七巻　日記　(岩波書店　昭和四一(一九六六)年三月)
(17)『天野貞祐全集』第二巻「ハイデルベルク学派の人々」(栗田出版会　昭和四六(一九七六)年五月)
(18) 西谷啓治著「独逸神秘主義」(上田閑照編『ドイツ神秘主義の研究』創文社　一九八二年一一月)
(19) M．エックハルト著　相原信作訳『神の慰めの書』(講談社　一九八五年六月)
(20)『石原謙著作集』第四巻「エックハルト研究」、「中世キリスト教研究」(岩波書店　昭和五四(一九七九)年二月)
(21) オイゲン・ヘリゲル著　榎木真吉訳『禅の道』(講談社　一九九一年九月)
(22) Schuej Ohasama und August Faust "Zen—Der Lebendige Buddhismus in Japan (Verlag Friedlich Andreas Perthes A.G. Stuttgart 1925)
(23) 禅学大辞典編纂所編『禅学大辞典』(大修館　昭和六〇(一九八五)年一一月)
(24) 山田奨治著『禅という名の日本丸』(弘文堂　平成一七(二〇〇五)年四月))
(25)『九鬼周造全集』第九巻「講演 現代哲学の動向」〈岩波書店　一九八二年三月)
(26)『西田幾多郎全集』第一八巻　書簡一　(岩波書店　昭和四一(一九六六)年六月)
(27) オイゲン・ヘリゲル著　石原謙訳「カントの実践理性優位説に就いて」(岩波書店『思想』第二四号及び第二五号　大正一四年四月号及び五月号)」
(28) オイゲン・ヘリゲル著　細谷恒夫訳「妥当、価値、当為、規範」(岩波書店『思想』第二七六

号　昭和三（一九二八）年二月号）
（29）オイゲン・ヘリーゲル著　高井篤訳「原素材及び原形式に就いて」（『学苑』）七号及び八号　聖山閣　一九二六年一月及び一九二七年二月）
（30）加藤雅之著「オイゲン・ヘリゲルの主観主義」（『哲学雑誌』四九九号　一九二六年九月）
（31）『田辺元全集』第四巻「ラスクの論理」（筑摩書房　昭和三八（一九六三）年一〇月）
（32）務台理作著「留学時代の高橋里見さん」（『思索と観察』勁草書房　昭和四三年六月）
（33）『高橋里見全集』第七巻「学者を怒らせた話」、「学都仙台を思う」（福村出版　一九七三年一二月）
（34）上田閑照著『マイスター　エックハルト』（講談社　一九八三年一〇月）
（35）西尾成子『科学ジャーナリズムの先駆者　評伝石原純』（岩波書店　平成二三（二〇一一）年九月）
（36）石原謙著『石原謙著作集』第一一巻「文化勲章受章に想う」（岩波書店　一九七九年九月）
（37）『高橋里見全集』第五巻「大学の使命と人生の探求」（福村出版　一九七三年九月）
（38）桜井保之助著『阿波研造―大いなる射の道の教』（阿波研造先生百年祭実行委員会　昭和五六（一九八一）年三月）
（39）池沢幹彦著『弓聖阿波研造』増補改訂版（東北大学出版会　平成二五（二〇一三）年八月）
（40）池沢幹彦著『弓道教室講話』（東北大学出版会　平成二七（二〇一五）年八月）
（41）本多利実講述　長谷部言人筆記「弓学講義」（入江康平編　弓道資料第十一巻『本多利実弓道論集』平成九（一九九七）年一一月）
（42）「日置流射儀初学式」（石岡久夫、入江康平著『日本武道大系』）第四巻　弓術（同朋舎出版　一九八二年九月）

(43) 大森曹玄著「禅と弓道」(『現代弓道講座』第六巻　雄山閣　昭和五七(一九八二)年五月)
(44) 山田無文著『心の眼を開く』(筑摩書房　一九七一年一二月)ほか
(45) 武田行雄著「阿波先生とヘリゲル博士」(『現代弓道講座』第3巻月報　雄山閣　昭和四四(一九六九)年五月)
(46) テオドール・チェルムズ著　龍野健次郎訳「オイゲン・ヘリゲル形而上学的形式」(『思想』一一二号　岩波書店　昭和六(一九三一)年九月)
(47) 『鬼頭英一著作集』第二巻「形而上学的形式(ヘリゲル)」(公論社　昭和六三(一九八八)年四月)
(48) イマヌエル・カント著　遠山義孝訳「永遠平和のために」(『カント全集』一四　岩波書店　二〇〇〇年四月)
(49) 木田元著『現象学』(岩波書店　一九七〇年九月)
(50) 「阿波研造範士とその弟子オイゲン・ヘリゲル博士の事を小町谷博士に聞く」(その一、二、三)(『弓道』全日本弓道連盟　昭和四〇(一九六五)年六、七、八月号)
(51) 「ヨーロッパにおける日本弓道の評価」(その一、二、三)(『弓道』全日本弓道連盟　昭和四三(一九六八)年五、六、七月号)
(52) 「安沢範士一行訪欧帰朝談」(前，後編)(『弓道』全日本弓道連盟　昭和四四(一九六九年の十、一一月号)
(53) 須原耕雲「弓は虹なり」(『弓道』全日本弓道連盟　平成二(一九九〇)年五月号)
(54) 桜井保之助著『射聖阿波研造―天地大自然の代言者』(阿波研造先生生誕百二十年記念祭実行委員会　平成一一(一九九九)年四月)
(55) 池沢幹彦著「『弓の分』による弓力表示の解明」(『月刊 武道』日本武道館　二〇一六年四月

号）
(56)「射義注解」（元禄九年八月　『日本武道大系』第四巻　同朋舎出版　一九八二年八月）
(57) 道鎮實著　「弓道辞典」（『弓道講座』第二二巻　雄山閣　昭和一七（一九四二）年一〇月）
(58) 春原平八郎著　『現代弓道小事典』（全日本弓道連盟　昭和四一（一九六六）年七月）

著者略歴

池沢《いけざわ》　幹彦《みきひこ》

昭和 11 年 7 月　栃木県生まれ

昭和 40 年 3 月　東北大学理学研究科卒業（理学博士）

職歴

昭和 40 年 4 月　東北大学理学部物理学科助手、助教授を経て

昭和 63 年 11 月　東北大学科学計測研究所教授

平成 12 年 3 月　定年退職（東北大学名誉教授）

弓道履歴

昭和 37 年 4 月　上田正康範士の指導で弓道を始める

昭和 56 年 6 月　東北大学学友会弓道部副部長、部長（平成 7 年迄）

平成 22 年 4 月～ 28 年 3 月　宮城県弓道連盟副会長（弓道教士六段）

著書

『弓聖阿波研造』（東北大学出版会　平成 25 年 8 月　増補改訂版）

『弓道教室講話』（東北大学出版会　平成 27 年 8 月）

オイゲン・ヘリゲル小伝

― 弓道による禅の追求

Eugen Herrigel-Zen and Kyudo: A Brief History

2018 年 4 月 18 日　初版第 1 刷発行

著　者／池沢　幹彦

発行者／久道　茂

発行所／東北大学出版会

〒 980-8577　仙台市青葉区片平 2-1-1

TEL：022-214-2777　FAX：022-214-2778

http://www.tups.jp　E-mail：info@tups.jp

印　刷／株式会社 仙台共同印刷

〒 983-0035　仙台市宮城野区日の出町 2-4-2

TEL：022-236-7161　FAX：022-236-7163

ISBN978-4-86163-309-6　C0023

定価はカバーに表示してあります。

乱丁、落丁はおとりかえします。